문제로 **개념** 잡는 초등 **영문법**

Grammar,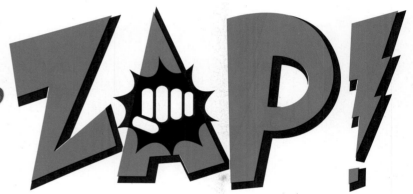

기본 **1**

구성과 특징

- 짜임새 있게 구성된 커리큘럼
- 쉬운 설명과 재미있는 만화로 개념 쏙쏙
- 단계별 연습 문제를 통한 정확한 이해
- 간단한 문장 쓰기로 완성

❶ Grammar Cartoon

- 본격적인 학습에 앞서 Unit 학습 내용과 관련된 기본 개념들을 만화를 통해 제시합니다. 주인공인 혁이, 우리, 마루가 문법 개념을 흥미롭고 재미있게 접할 수 있도록 도와줍니다.

❷ Grammar Point

- 레슨별로 문법 개념을 다양한 예시문과 함께 쉽게 풀어서 설명하고, 만화 주인공인 혁이, 우리, 마루가 어려운 문법 용어에 대해서도 쉽게 말해 줍니다.

❸ Grammar Walk

- 레슨별 학습 내용을 잘 이해했는지 확인하는 문제입니다. 연습 문제 가운데 가장 기초적인 단계로 단어 쓰기, 2지 선택형, 배합형(match)과 같은 유형으로 구성하였습니다.

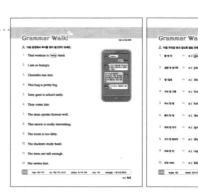

④ *Grammar Run/Jump/Fly*

- 학습한 내용을 본격적으로 적용하고, 응용해 볼 수 있는 다양한 유형의 연습 문제입니다.

- 단계별 연습 문제를 통해 개념을 정확하게 이해 하고, 간단한 문장을 완성할 수 있도록 구성하였 습니다.

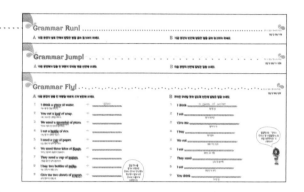

⑤ *Review*

- Unit이 끝날 때마다 제시되는 마무리 테스트입니 다. 객관식, 주관식 등의 문제를 풀면서 응용력 을 키우고 시험 유형에 대비할 수 있도록 하였 습니다.

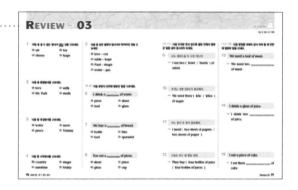

⑥ *Wrap Up*

- Unit을 마무리하면서 만화를 보고, 학습한 내용을 복습할 수 있습니다.

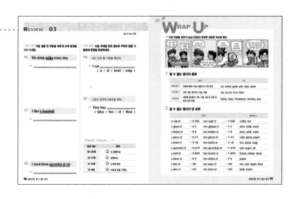

⑦ 단어장

- 각 Unit의 본문에 나오는 단어를 유닛별로 30개 씩 정리하였습니다. 간단하게 테스트할 수 있도 록, 영어를 한글로 옮기는 문제, 한글을 영어로 옮 기는 문제도 구성하였습니다.

활용방법

Book	Month	Week	Day	Unit	
1	1	1	1~2	1. 문장의 구성	Review 01
		2	1~2	2. 셀 수 있는 명사	Review 02
		3	1~2	3. 셀 수 없는 명사	Review 03
		4	1~2	4. 관사	Review 04
	2	1	1~2	5. 대명사 (1)	Review 05
		2	1~2	6. 대명사 (2)	Review 06
		3	1~2	7. be동사의 현재 시제 (1)	Review 07
		4	1~2	8. be동사의 현재 시제 (2)	Review 08
2	3	1	1~2	1. 일반동사의 현재 시제	Review 01
		2	1~2	2. 일반동사의 부정문과 의문문	Review 02
		3	1~2	3. 형용사	Review 03
		4	1~2	4. some과 any, every와 all	Review 04
	4	1	1~2	5. 수량을 나타내는 말	Review 05
		2	1~2	6. 부사	Review 06
		3	1~2	7. 현재 진행 시제	Review 07
		4	1~2	8. 전치사	Review 08

Grammar, Zap!

기본 단계는 총 4권 구성으로 권당 8주, 총 8개월(권당 2개월)에 걸쳐 학습할 수 있도록 구성하였습니다. 하루 50분씩, 주 2일 학습 기준입니다.

Book	Month	Week	Day	Unit	
3	5	1	1~2	1. 조동사 (1)	Review 01
		2	1~2	2. 조동사 (2)	Review 02
		3	1~2	3. there, it	Review 03
		4	1~2	4. 의문사 (1)	Review 04
	6	1	1~2	5. 의문사 (2)	Review 05
		2	1~2	6. 과거 시제 – be동사	Review 06
		3	1~2	7. 과거 시제 – 일반동사	Review 07
		4	1~2	8. 명령문과 감탄문	Review 08
4	7	1	1~2	1. 과거 진행 시제	Review 01
		2	1~2	2. 미래 시제 will	Review 02
		3	1~2	3. 미래 시제 be going to	Review 03
		4	1~2	4. 비교 – 비교급	Review 04
	8	1	1~2	5. 비교 – 최상급	Review 05
		2	1~2	6. 접속사	Review 06
		3	1~2	7. 부가의문문	Review 07
		4	1~2	8. 여러 가지 동사	Review 08

Contents

*부록 Answer Key

문장의 구성

- 단어와 문장의 의미 및 관계를 이해할 수 있어요.
- 명사, 대명사, 동사, 조동사, 형용사, 부사, 전치사 등 품사를 이해할 수 있어요.
- 주어, 동사, 목적어, 보어 등 문장을 이루는 구성 요소를 이해할 수 있어요.

영어는 우리말과는 달리 말의 순서가 정해져 있어서 그 순서를 바꾸면 뜻도 완전히 달라져. 이제부터 영어에는 어떤 문장들이 있고 무슨 특징이 있는지 알아볼 거야. 그리고 문장을 이루는 단어의 특징과 문장을 이루는 구성 요소에 대해서도 함께 공부해 보자.

문장

1 단어와 문장

I 나 / am ~이다 / a 하나의 / girl 여자아이

I am a girl.　　　　　나는 여자아이이다.

you 너 / are ~이다 / a 하나의 / boy 남자아이

You are a boy.　　　　너는 남자아이이다.

he 그 / is ~이다 / a 하나의 / student 학생

He is a student.　　　그는 학생이다.

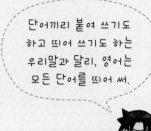

단어끼리 붙여 쓰기도 하고 띄어 쓰기도 하는 우리말과 달리, 영어는 모든 단어를 띄어 써.

단어는 문장을 구성하는 가장 작은 단위입니다. 이 단어들이 모여서 문장이 되고, 단어들로 문장을 만드는 방법이 바로 문법입니다.

❶ 문장의 첫 글자는 항상 대문자로 씁니다.

You are a boy. 너는 남자아이이다.

She is a student. 그녀는 학생이다.

❷ 문장 끝에는 마침표를 찍습니다. 의문문의 경우에는 물음표를, 감탄문의 경우에는 느낌표를 넣습니다.

He is a student. 그는 학생이다.

Is he a student? 그는 학생이니?

What a tall boy he is! 그는 정말 키가 큰 남자아이이구나!

지아 일기장 좀 볼까?

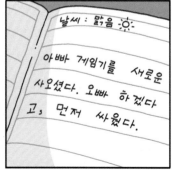

날씨 : 맑음

아빠 게임기를 새로운 사오셨다. 오빠 하겠다 고, 먼저 싸웠다.

단어만 이어져 있어서 무슨 말인지 모르겠네.

누가 무엇을 하는지 보여 줘야 문장이지.

쯧쯧...　화르륵

오빠!!!

Grammar Walk!

A 다음을 단어와 문장으로 구별하여 빈칸에 순서대로 쓰세요.

dog	I am Korean.	boy	are	student
Korean	Are you a student?	teacher	He is tall.	
they	What a good girl!	good	tall	

1 단어 _____ dog _____   _____

_____   _____

_____   _____

_____

단어? 문장?

남자아이, 여자아이, 개처럼 따로따로 떨어져 있는 말 하나하나를 단어라고 해.

그러니까 boy, girl, dog 같은 것들 말이지?

응. 그런 단어들을 '문법'이라는 규칙에 맞게 모으면 문장이 돼.

2 문장 _____ I am Korean.

_____

_____

_____

문장

2 문장의 종류

① This is a cap.   이것은 모자이다.   [평서문]

② Is this a cap?   이것은 모자니?   [의문문]

③ Open the door!   문을 열어라!   [명령문]

④ She is so cute!   그녀는 매우 귀엽구나!   [감탄문]

What a cute girl!   정말 귀여운 여자아이구나!   [감탄문]

영어 문장은 형태와 의미에 따라 평서문, 의문문, 명령문, 감탄문 으로 나눌 수 있어.

① **평서문** : 질문하거나 요구하지 않고 사실을 서술하는 문장으로, 마지막에 마침표를 찍습니다.

He is a teacher.   그는 선생님이다.

② **의문문** : 상대방에게 무언가를 묻는 문장으로, 마지막에 물음표를 넣습니다.

Is he a teacher?   그는 선생님이니?

Where is the girl?   그 여자아이는 어디에 있니?

③ **명령문** : 상대방에게 무언가를 지시하거나 명령하는 문장으로, 마지막에 마침표나 느낌표를 넣습니다.

Close the door.   문을 닫아라.

④ **감탄문** : 놀라거나 감탄하는 문장으로, 마지막에 느낌표를 넣습니다.

He is so tall!   그는 키가 무척 크구나!

What a tall boy he is!   그는 정말 키가 큰 남자아이구나!

Grammar Walk!

정답 및 해설 2쪽

A 다음 문장의 종류가 무엇인지 보기에서 찾아 빈칸에 쓰세요.

> 평서문   의문문   명령문   감탄문

1 I read a book.   평서문
나는 책을 읽는다.

2 Are you Korean?
너는 한국인이니?

3 Open the window.
창문을 열어라.

4 This is so big!
이것은 무척 크구나!

5 What a big boy!
정말 큰 남자아이구나!

6 She is a student.
그녀는 학생이다.

> 문장의 종류를 알아야 해?
>
> 의문문을 말했는데 의문문인지 모르고 대답을 안 하면 어떻게 될까?
>
> 상대방이 오해할 수 있겠구나. 그럼 문장의 종류는 어떻게 구별하지?
>
> 마침표나 물음표, 느낌표와 단어의 순서를 보고 짐작할 수 있어.

B 다음을 같은 종류의 문장끼리 선으로 연결하세요.

1 We are boys.
우리는 남자아이다.

2 Is this a book?
이것은 책이니?

3 Close the window.
창문을 닫아라.

4 What a tall tree!
정말 키가 큰 나무구나!

a. Are you tall?
너는 키가 크니?

b. What a good girl!
정말 착한 여자아이구나!

c. She is a teacher.
그녀는 선생님이다.

d. Read a book.
책을 읽어라.

WORDS · read 읽다   · open 열다   · window 창, 창문   · close 닫다   · tree 나무

1 명사와 대명사

Mr. Smith is **a teacher.**   스미스 씨는 선생님이다.

<u>He</u> is from **Canada.**   그는 캐나다에서 왔다.

We have a **dog.**   우리는 개 한 마리가 있다.

<u>It</u> is big.   그것은 몸집이 크다.

Sumin and **Jiyun** are **students.**   수민이와 지윤이는 학생이다.

<u>They</u> are **friends.**   그들은 친구이다.

품사는 성격이 비슷한 단어들을 묶어 놓은 거야. 그 중 명사는 무언가의 이름을 나타내고, 대명사는 명사를 대신하지.

❶ **명사:** 명사는 사람이나 사물, 동식물, 장소, 생각 등 이 세상 모든 것들의 이름을 나타내는 단어입니다.

- 사람: student 학생, girl 여자아이, Tommy 토미, Mr. Smith 스미스 씨
- 사물: book 책, pencil 연필, cap 모자, pants 바지
- 동식물: dog 개, cat 고양이, flower 꽃, tree 나무
- 장소: house 집, school 학교, Canada 캐나다, London 런던
- 눈에 보이지 않는 것: love 사랑, idea 생각, math 수학, music 음악

❷ **대명사:** 대명사는 명사를 대신하는 단어입니다. 두 개 이상의 명사도 대명사 하나로 간단히 나타낼 수 있습니다.

- 인칭대명사: I 나, you 너, she 그녀, he 그, it 그것, we 우리, they 그들/그것들
- 지시대명사: this 이것, that 저것, these 이것들, those 저것들

명사면 됐지 대명사는 왜 필요한 걸까?

명사를 매번 말하기 힘드니까 명사를 대신하는 대명사도 필요하지.

우리 반 애들 이름을 다 부르는 것보다 '우리'라고 하면 편하잖아?

난 '우리'라고 안 하고 애들 이름 다 말하는 게 좋은데.

지훈이, 우리, 혁이, 나라, 민이, 정우…, 헥헥….

여보세요? 여보세요?

Grammar Walk!

정답 및 해설 2쪽

A 다음 문장에서 명사를 찾아 동그라미 하세요.

1 This is a (cat).
이것은 고양이다.

2 They live in London.
그들은 런던에 산다.

3 I have a book.
나는 책을 한 권 가지고 있다.

4 Is it a flower?
그것은 꽃이니?

5 Tom is a student.
톰은 학생이다.

> 이 세상 모든 것들의 이름이 명사라고?
>
> 응. 사람이나 사물, 동물, 식물, 장소 등의 이름을 가리키는 말이 명사야.
>
> boy, book, dog, tree, house 같은?
>
> 맞아. 그리고 그런 명사를 대신하는 he, she, it, this, that 같은 말을 대명사라고 해.

B 다음 문장에서 대명사를 찾아 동그라미 하세요.

1 (I) am a student.
나는 학생이다.

2 You are cute.
너는 귀엽다.

3 Is this a cap?
이것은 모자니?

4 He is a singer.
그는 가수이다.

5 They play soccer after school.
그들은 방과 후에 축구를 한다.

WORDS ·live in ~에 살다 ·singer 가수 ·play (경기를) 하다, (악기를) 연주하다 ·soccer 축구 ·after school 방과 후에

02 품사

2 동사와 조동사

❶ I **speak** English. 나는 영어를 말한다.

We **do** the homework. 우리는 숙제를 한다.

They **go** to school. 그들은 학교에 간다.

❷ I **can** <u>speak</u> English. 나는 영어를 말할 수 있다.

We **must** <u>do</u> the homework. 우리는 숙제를 해야 한다.

They **will** <u>go</u> to school. 그들은 학교에 갈 것이다.

동사는 움직임이나 상태를 나타내는 말이고, 조동사는 동사를 도와 동사의 뜻을 보충해 주는 말이야.

❶ **동사:** 동사는 사람이나 동식물, 사물의 동작이나 상태를 나타내는 말입니다. 문장에서는 주어의 상태나 동작을 나타내며, 모든 문장에는 동사가 반드시 필요합니다.

- 동작: go 가다, run 달리다, make 만들다, sing 노래하다
- 상태: be ~이다, have 가지고 있다, like 좋아하다, love 사랑하다

❷ **조동사:** 조동사는 동사에 '~할 수 있다', '~해야 한다', '~할 것이다' 등의 의미를 더해 주는 역할을 합니다. 혼자서는 쓰일 수 없고 반드시 동사의 앞에 쓰여야 합니다.

- can ~할 수 있다
- must ~해야 한다
- will ~할 것이다

Grammar Walk!

정답 및 해설 2쪽

A 다음 문장에서 동사를 찾아 동그라미 하세요.

1 I (like) dogs.
나는 개를 좋아한다.

2 You are kind.
너는 친절하다.

3 Is she a cook?
그녀는 요리사니?

4 Open the window.
창문을 열어라.

5 They go to school together.
그들은 함께 학교에 간다.

B 다음 문장에서 조동사를 찾아 동그라미 하세요.

1 I (must) do my homework.
나는 숙제를 해야 한다.

2 She can swim.
그녀는 수영을 할 수 있다.

3 He can speak English.
그는 영어를 말할 수 있다.

4 She will come.
그녀는 올 것이다.

5 We can do it.
우리는 그것을 할 수 있다.

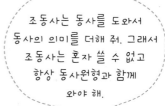

조동사는 동사를 도와서 동사의 의미를 더해 줘. 그래서 조동사는 혼자 쓸 수 없고 항상 동사원형과 함께 와야 해.

WORDS · kind 친절한   · cook 요리사   · together 함께   · swim 수영하다   · come 오다

3 형용사, 부사, 전치사

❶ He is **handsome**.	그는 잘생겼다.
He is a **handsome** boy.	그는 잘생긴 남자아이다.
❷ You run **fast**.	너는 빨리 달린다.
You are **very** fast.	너는 매우 빠르다.
❸ I go to school **at** eight.	나는 8시에 학교에 간다.
They play soccer **on** the playground.	그들은 운동장에서 축구를 한다.

형용사, 부사, 전치사는 명사나 동사 등 문장의 주요 요소들의 의미를 풍부하게 하는 역할을 해.

❶ **형용사**: 명사의 성질이나 상태를 나타냅니다. 동사 뒤에서 주어의 상태를 설명하거나 명사의 앞에서 명사를 꾸며 줍니다.

- 동사 뒤: She <u>is</u> **good**. 그녀는 착하다.
- 명사 앞: She is a **good** <u>girl</u>. 그녀는 착한 여자아이다.

❷ **부사**: 동사나 형용사, 다른 부사를 꾸며 그 의미를 분명하게 하거나 강조합니다.

- 동사 수식: I <u>play</u> soccer **well**. 나는 축구를 잘한다.
- 형용사 수식: It is **very** <u>good</u>. 그것은 아주 좋다.
- 부사 수식: They run **very** <u>fast</u>. 그들은 매우 빨리 달린다.

❸ **전치사**: 명사나 대명사 앞에 놓여서 장소, 방향, 시간, 이유, 방법, 수단 등의 의미를 더해 줍니다.

We are **in** the playground. 〈장소〉 우리는 운동장에 있다.

I play soccer **with** my friend. 〈방법〉 나는 내 친구와 함께 축구를 한다.

Grammar Walk!

정답 및 해설 2쪽

A 다음 문장에서 밑줄 친 단어의 품사를 빈칸에 쓰세요.

1 You are <u>pretty</u>.
너는 예쁘다.
     형용사

2 This is a <u>tall</u> tree.
이것은 큰 나무이다.

3 You speak <u>fast</u>.
너는 말을 빨리 한다.

4 The dog is <u>small</u>.
그 개는 작다.

5 She is <u>very</u> kind.
그녀는 매우 친절하다.

6 A book is <u>on</u> the table.
책 한 권이 탁자 위에 있다.

7 They run <u>very</u> fast.
그들은 매우 빨리 달린다.

8 I am <u>in</u> my room.
나는 방 안에 있다.

9 They play <u>with</u> their friends.
그들은 친구들과 함께 논다.

10 Yuna is a <u>cute</u> girl.
유나는 귀여운 여자아이이다.

11 I go to school <u>at</u> nine.
나는 9시에 학교에 간다.

12 I speak English <u>well</u>.
나는 영어를 잘 말한다.

WORDS ·pretty 예쁜 ·small 작은 ·table 식탁, 테이블 ·room 방 ·cute 귀여운

문장의 구성 요소

1 주어와 동사

❶ **Dogs** like people. 개는 사람을 좋아한다. 〈명사〉

This room is small. 이 방은 작다. 〈지시형용사+명사〉

I am a student. 나는 학생이다. 〈대명사〉

❷ They **play** baseball. 그들은 야구를 한다. 〈동작〉

We **are** students. 우리는 학생이다. 〈상태〉

My mother **likes** fruit. 우리 어머니는 과일을 좋아하신다. 〈3인칭 단수 현재형〉

❶ **주어**: '누가/무엇이'에 해당하는 말로, 문장의 주체이자 동작이나 상태를 나타내는 동사의 주체입니다. 명사나 대명사 등이 주어가 될 수 있습니다.

Roses are flowers. 장미는 꽃이다.

We go to school at eight. 우리는 8시에 학교에 간다.

It is a book. 그것은 책이다.

❷ **동사**: 주어의 동작이나 상태를 나타냅니다. 모든 문장에는 동사가 반드시 있어야 합니다.

They **play** soccer. 그들은 축구를 한다.

They **are** in the room. 그들은 방에 있다.

He **plays** soccer with his friends. 그는 친구들과 함께 축구를 한다.

> 주어가 3인칭 단수이면서 현재 시제일 때는 동사 끝에 -(e)s를 붙여야 해. Unit 07에서 더 자세히 공부해 보자.

Grammar Walk!

정답 및 해설 2쪽

A 다음 문장에서 주어를 찾아 동그라미 하세요.

1 (I) go to Nara Elementary School.
나는 나라 초등학교에 다닌다.

2 You are smart.
너는 똑똑하다.

3 She is short.
그녀는 키가 작다.

4 My dog is very cute.
우리 개는 매우 귀엽다.

5 The boys play baseball.
그 남자아이들은 야구를 한다.

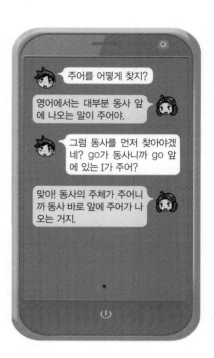

주어를 어떻게 찾지?

영어에서는 대부분 동사 앞에 나오는 말이 주어야.

그럼 동사를 먼저 찾아야겠네? go가 동사니까 go 앞에 있는 I가 주어?

맞아! 동사의 주체가 주어니까 동사 바로 앞에 주어가 나오는 거지.

B 다음 문장에서 동사를 찾아 동그라미 하세요.

1 I (am) in the room.
나는 방에 있다.

2 It is a flower.
그것은 꽃이다.

3 You are a student.
너는 학생이다.

4 We have dinner together.
우리는 함께 저녁 식사를 한다.

5 They read books in the room.
그들은 방에서 책을 읽는다.

WORDS ·elementary school 초등학교　·smart 똑똑한　·short 짧은, 키가 작은　·have dinner 저녁 식사하다

2 목적어와 보어

❶ We learn **English**.   우리는 영어를 배운다.

   I like **her**.   나는 그녀를 좋아한다.

❷ She is a **singer**.   그녀는 가수이다.

   He is **smart**.   그는 똑똑하다.

   They call <u>him</u> **Jojo**.   그들은 그를 조조라고 부른다.

❶ **목적어**: 동사의 동작이나 상태의 대상이 되는 말로, '~을/를'로 해석합니다.
품사 가운데 명사와 대명사가 목적어로 쓰일 수 있습니다.

   I play **badminton**.   나는 배드민턴을 친다.

   They like **us**.   그들은 우리를 좋아한다.

❷ **보어**: 주어나 목적어를 보충 설명해 주는 말로, 주로 명사나 형용사가 보어로 쓰입니다.

   • 주어 보충 설명

   He is a **teacher**.   그는 선생님이다. <He=a teacher>

   This is **beautiful**.   이것은 아름답다. <This=beautiful>

   • 목적어 보충 설명

   You make <u>me</u> **happy**.   너는 나를 행복하게 해 준다. <me=happy>

   They call <u>her</u> **Lulu**.   그들은 그녀를 룰루라고 부른다. <her=Lulu>

주어를 보충 설명하는 말은 주격 보어, 목적어를 보충 설명하는 말은 목적격 보어라고 해.

Grammar Walk!

정답 및 해설 2쪽

A 다음 밑줄 친 말이 목적어이면 **O**, 보어이면 **C**를 빈칸에 쓰세요.

1 I like <u>dogs</u>.   O

나는 개를 좋아한다.

2 You are <u>a boy</u>.

너는 남자아이다.

3 She is <u>kind</u>.

그녀는 친절하다.

4 Jay has <u>a bag</u>.

제이는 가방을 하나 가지고 있다.

5 We learn <u>math</u>.

우리는 수학을 배운다.

6 She can play <u>the piano</u>.

그녀는 피아노를 칠 수 있다.

7 My brother is <u>a student</u>.

우리 오빠는 학생이다.

8 It is <u>small</u>.

그것은 작다.

9 They are <u>dancers</u>.

그들은 무용수이다.

10 They know <u>him</u>.

그들은 그를 안다.

목적어와 보어를 어떻게 구별하지?

목적어는 동사 뒤에서 '～을/를'로 해석되는 말을 찾으면 돼.

'I like dogs.'에서 '개를'에 해당하는 dogs처럼?

응. 보어는 be동사 뒤에서 '～이다/～하다'로 해석되는 말을 찾으면 되고.

그럼 'You are a boy.'에서는 a boy가 보어!

WORDS   ·math 수학   ·piano 피아노   ·brother 형, 오빠, 남동생   ·dancer 무용수, 댄서   ·know 알다

REVIEW ✌ 01

[1-2] 다음 중 잘못된 문장을 고르세요.

1
❶ I am a student.
❷ You are a boy.
❸ she is a teacher.
❹ Are they girls?

2
❶ I play the piano.
❷ Is she a student.
❸ This is so big!
❹ What a tall tree!

[3-4] 다음 중 문장의 종류가 다른 것을 고르세요.

3
❶ This is a cat.
❷ Minho is tall.
❸ We are friends.
❹ What a good boy!

4
❶ I have a big bag.
❷ Open the window.
❸ They play soccer.
❹ He is from London.

[5-7] 다음 중 품사가 같은 단어끼리 짝지어진 것을 고르세요.

5
❶ boy – cat
❷ you – do
❸ fast – be
❹ she – student

6
❶ do – very
❷ can – short
❸ I – they
❹ desk – sing

7
❶ be – she
❷ flower – at
❸ doctor – cute
❹ make – run

[8-10] 다음 중 밑줄 친 부분의 품사가 다른 하나를 고르세요.

8 ❶ She is <u>cute</u>.

❷ It is a <u>cat</u>.

❸ He is a <u>small</u> boy.

❹ Mr. Smith is <u>tall</u>.

9 ❶ <u>I</u> am Korean.

❷ <u>They</u> are students.

❸ <u>John</u> is very tall.

❹ <u>That</u> is a table.

10 ❶ I run <u>fast</u>.

❷ You sing <u>well</u>.

❸ This is <u>very</u> cute.

❹ We are <u>in</u> the room.

[11-12] 다음 우리말 뜻과 같도록 괄호 안에서 알맞은 말을 골라 동그라미 하세요.

11 그는 영어를 할 수 있다.

➡ He (can / will) speak English.

12 그들은 운동장에서 야구를 한다.

➡ They play soccer (very / on) the playground.

[13-14] 다음 문장에서 주어를 찾아 빈칸에 쓰세요.

13 This is my book.

➡ _____

14 My mother is a teacher.

➡ _____

[15-16] 다음 문장에서 동사를 찾아 빈칸에 쓰세요.

15 I go to school at eight.

➡ _____

16 They are students.

➡ _____

17 다음 문장에서 목적어를 찾아 빈칸에 쓰세요.

We have a dog.

➡ _____

18 다음 문장에서 보어를 찾아 빈칸에 쓰세요.

She is kind.

➡ _____

[19-20] 다음 문장에서 잘못된 부분을 찾아 바르게 고쳐 문장을 다시 쓰세요.

19 the girl is smart.

➡ _____

20 this is a book

➡ _____

Check! Check!. ◦ ●

맞은 개수	평가
18~20개	😄 참 잘했어요.
15~17개	🙂 잘했어요.
9~14개	😐 노력해 봐요.
0~8개	😟 다음에 잘할 거예요.

● 다음 만화를 보면서 **Unit 01**의 내용을 정리해 봐요.

1 문장의 종류

평서문	질문하거나 요구하지 않고 사실을 서술하는 문장	She is a student.
의문문	상대방에게 무언가를 묻는 것으로 마지막에 물음표를 붙임.	Is she a student?
명령문	상대방에게 무언가를 지시하거나 명령하는 문장	Open the door.
감탄문	놀라거나 감탄하는 문장으로 마지막에 느낌표를 붙임.	What a smart girl she is!

2 품사

명사	사람, 사물, 동식물, 장소, 보이지 않는 것들의 이름	boy, dog, tree, idea 등
대명사	명사를 대신하는 말	I, you, he, she, it, they 등
동사	주어의 동작, 상태를 나타내는 말	do, go, come, have, like 등
조동사	동사에 의미를 더해 주는 말	can, will, must 등
형용사	명사의 성질, 상태를 나타내는 말	big, small, tall, good, cute 등
부사	동사, 형용사, 부사를 꾸며 주는 말	very, well 등
전치사	명사, 대명사 앞에서 장소, 시간, 이유, 방법 등을 나타내는 말	in, at, on, to, with 등

3 문장의 구성

주어	동작이나 상태의 주체가 되는 말 (누가/무엇이)	목적어	동작이나 상태의 대상 (~을/를)
동사	주어의 동작이나 상태를 나타내는 말	보어	주어와 목적어를 보충 설명하는 말

셀 수 있는 명사

• 셀 수 있는 명사를 이해할 수 있어요.
• 셀 수 있는 명사의 복수형을 알고 활용할 수 있어요.

얘들아, 스파게티를 만들 재료를 하나씩 준비해 볼까?

먼저, three onions!

오, 예! 준비됐어요!

three onions는 '양파 3개'라는 말이야.

3개! Onions!

양파는 어디 있지?

누나, 근데 왜 onion에 -s가 붙은 거야?

아, 양파가 여러 개니까 복수형으로 바꾸려면 -s를 붙여야 해.

쌩~

일등!

이번엔 맛있는 소스를 위해 six tomatoes!

토마토! 토마토!

하나, 둘 하고 수를 셀 수 있는 명사가 여러 개일 때는 명사의 복수형을 써야 해. 복수형의 형태는 단수형에 -s, -es 등을 붙이는 경우도 있고, 전혀 다른 모양으로 바뀌는 경우도 있어. 그럼 이제부터 셀 수 있는 명사가 무엇인지, 또 복수형은 어떻게 만드는지 함께 공부해 보자.

셀 수 있는 명사의 단수와 복수

1 셀 수 있는 명사

Tommy is a **boy**.	토미는 남자아이다.	
Tommy and George are **boys**.	토미와 조지는 남자아이다.	
I have a **computer**.	나는 컴퓨터를 한 대 가지고 있다.	
I have two **computers**.	나는 컴퓨터를 두 대 가지고 있다.	

명사에는 셀 수 있는 명사와 셀 수 없는 명사가 있어.

셀 수 있는 명사는 보통 일정한 형태가 있어서 한 개, 두 개 등으로 개수를 셀 수 있습니다.

❶ 셀 수 있는 명사는 보통 일정한 형태가 있습니다.

student 학생	dog 개	horse 말	desk 책상
chair 의자	house 집	building 건물	phone 전화기

◉ 일정한 형태가 없지만 셀 수 있는 명사들이 있습니다.

minute 분	hour 시간	day 일, 하루	month 월	year 년

❷ 셀 수 있는 명사는 하나일 때는 단수형을, 두 개 이상일 때는 복수형을 씁니다.
복수형은 보통 단수형에 -s나 -es를 붙여서 만듭니다.

student 학생 – students 학생들	dog 개 – dogs 개들
horse 말 – horses 말들	desk 책상 – desks 책상들
chair 의자 – chairs 의자들	house 집 – houses 집들
building 건물 – buildings 건물들	phone 전화기 – phones 전화기들

Grammar Walk!

정답 및 해설 4쪽

A 다음 중 셀 수 있는 명사를 찾아 빈칸에 순서대로 쓰세요.

desk	water	boy	love	computer
dog	air	phone	cap	math

1 _____desk_____   2 _____

3 _____   4 _____

5 _____   6 _____

B 다음 중 명사의 단수형과 복수형을 찾아 빈칸에 순서대로 쓰세요.

dogs	girl	houses	chair
rooms	bird	flower	trees

단수형 1 _____girl_____   복수형 1 _____dogs_____

2 _____   2 _____

3 _____   3 _____

4 _____   4 _____

WORDS · water 물   · love 사랑   · air 공기   · phone 전화(기)   · bird 새

01 셀 수 있는 명사의 단수와 복수

2 셀 수 있는 명사의 복수형 – 규칙 변화 (1)

❶ I have a <u>book</u>. 나는 책을 한 권 가지고 있다.

I have two <u>books</u>. 나는 책을 두 권 가지고 있다.

❷ We want a <u>box</u>. 우리는 상자 한 개를 원한다.

We want three <u>boxes</u>. 우리는 상자 세 개를 원한다.

❸ They need one <u>potato</u>. 그들은 감자 한 개가 필요하다.

They need ten <u>potatoes</u>. 그들은 감자 열 개가 필요하다.

셀 수 있는 명사의 복수형은 대부분 단수형에 -s나 -es를 붙여서 만들어.

❶ 대부분의 셀 수 있는 명사는 단수형 끝에 -s를 붙입니다.

pencil 연필 – pencils 연필들   girl 여자아이 – girls 여자아이들

tree 나무 – trees 나무들   bear 곰 – bears 곰들

❷ -s, -sh, -ch, -x로 끝나는 명사는 단수형 끝에 -es를 붙입니다.

bus 버스 – buses 버스들   dish 접시 – dishes 접시들

bench 벤치 – benches 벤치들   box 상자 – boxes 상자들

❸ 「자음+o」로 끝나면 -es를 붙입니다.

potato 감자 – potatoes 감자들   tomato 토마토 – tomatoes 토마토들

◉ piano 피아노 – pianos 피아노들   photo 사진 – photos 사진들

-s, -es 붙는 셀 수 있는 명사의 복수형 써 왔어?

맞다, 숙제!

때르릉~

드륵

지금이라도 해야지. -s가 붙는 건 pencils.

끄적

끄적

-s로 끝나면 -es가 붙으니깐 아하, buses. 「자음+o」로 끝나는 건 -es가 붙고.

척~

공책 한 페이지 꽉 채워서 다 써 왔겠지?

네!

Pencils, buses, boxes, Potatoes

Grammar Walk!

정답 및 해설 4쪽

A 빈칸에 알맞은 규칙을 써넣고 주어진 명사의 복수형을 완성하세요.

1 book + [s] ➡ books

2 flower + [   ] ➡ _____

3 bus + [   ] ➡ _____

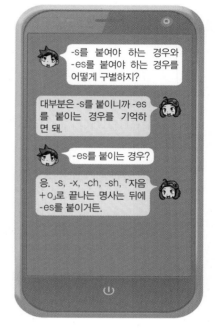

-s를 붙여야 하는 경우와 -es를 붙여야 하는 경우를 어떻게 구별하지?

대부분은 -s를 붙이니까 -es를 붙이는 경우를 기억하면 돼.

-es를 붙이는 경우?

응. -s, -x, -ch, -sh, 「자음+o」로 끝나는 명사는 뒤에 -es를 붙이거든.

4 potato + [   ] ➡ _____

5 dish + [   ] ➡ _____

6 tree + [   ] ➡ _____

7 box + [   ] ➡ _____

8 piano + [   ] ➡ _____

9 cap + [   ] ➡ _____

10 bench + [   ] ➡ _____

WORDS · flower 꽃 · potato 감자 · dish 접시 · cap 모자 · bench 벤치

Grammar Run! ....

A 다음 명사의 복수형을 괄호 안에서 골라 동그라미 하세요.

1   dog ((dogs) / doges)

2   house (houses / housese)

3   glass (glass / glasses)

4   building (buildings / buildinges)

5   dish (dishs / dishes)

6   cap (caps / capes)

7   bus (buss / buses)

8   potato (potatos / potatoes)

9   fox (foxs / foxes)

10   student (students / studentes)

11   tomato (tomatos / tomatoes)

12   cat (cats / cates)

13   piano (pianos / pianoes)

14   bench (benchs / benches)

15   hero (heros / heroes)

-es를 붙여
복수형이 되는
명사가 뭐였지?

WORDS   ·glass (유리)잔   ·building 건물   ·fox 여우   ·tomato 토마토   ·hero 영웅

정답 및 해설 4쪽

B 다음 문장의 빈칸에 알맞은 말을 골라 동그라미 하세요.

1 I want a _____.　　❶ pen　　　❷ pens

2 I have a _____.　　❶ book　　❷ books

3 I need two _____.　　❶ dish　　❷ dishes

4 We have three _____.　　❶ dog　　❷ dogs

5 I need an _____.　　❶ ax　　　❷ axes

6 They have two _____.　　❶ house　　❷ houses

7 You want a _____.　　❶ computer　　❷ computers

8 We need two _____.　　❶ bag　　❷ bags

9 I have a _____.　　❶ flower　　❷ flowers

10 I have five _____.　　❶ tomato　　❷ tomatoes

11 We need two _____.　　❶ photo　　❷ photos

12 They have a _____.　　❶ car　　　❷ cars

13 I want a _____.　　❶ piano　　❷ pianos

14 I have two _____.　　❶ cap　　　❷ caps

15 They want two _____.　　❶ bench　　❷ benches

a는 '하나의'라는 뜻. 그러니까 a 뒤에는 셀 수 있는 명사의 단수형을 써야지.

WORDS　·want 원하다, 바라다　·have 가지다, 있다　·ax 도끼　·house 집　·computer 컴퓨터

Grammar Jump!

A 다음 명사의 복수형과 그 뜻을 빈칸에 쓰세요.

1 a chair ➡ two ___chairs___ (의자 두 개)

2 a bus ➡ three _____ ( )

3 a table ➡ two _____ ( )

4 a doctor ➡ four _____ ( )

5 a desk ➡ three _____ ( )

6 a box ➡ four _____ ( )

7 a potato ➡ six _____ ( )

8 a house ➡ two _____ ( )

9 a bench ➡ five _____ ( )

10 a building ➡ two _____ ( )

11 a tomato ➡ three _____ ( )

12 a dish ➡ two _____ ( )

13 a teacher ➡ two _____ ( )

14 a rose ➡ four _____ ( )

15 a photo ➡ two _____ ( )

> 셀 수 있는 명사가 둘 이상을 나타내는 숫자와 함께 쓰일 때는 항상 복수형을 써.

WORDS ·table 식탁, 탁자, 테이블   ·doctor 의사   ·desk 책상   ·rose 장미   ·photo 사진

B 다음 명사의 단수형과 그 뜻을 빈칸에 쓰세요.

1 two desks ➡ a ___desk___ (책상 한 개)

2 three benches ➡ a _____ (   )

3 five houses ➡ a _____ (   )

4 six girls ➡ a _____ (   )

5 eight boxes ➡ a _____ (   )

6 two heroes ➡ a _____ (   )

7 nine buses ➡ a _____ (   )

8 seven bears ➡ a _____ (   )

9 three caps ➡ a _____ (   )

10 two potatoes ➡ a _____ (   )

11 five dishes ➡ a _____ (   )

12 six photos ➡ a _____ (   )

13 seven pencils ➡ a _____ (   )

14 three birds ➡ a _____ (   )

15 four glasses ➡ a _____ (   )

> 셀 수 있는 명사가 하나일 때는 단수형을 쓰고, 둘 이상일 때는 복수형을 써야 해.

WORDS ·girl 여자아이 ·box 상자 ·bus 버스 ·bear 곰 ·pencil 연필

Grammar Fly! ·

A 다음 문장의 밑줄 친 부분을 바르게 고쳐 빈칸에 쓰세요.

1 I need a <u>bags</u>. ➡ _____bag_____

2 I want two <u>pen</u>. ➡ _____

3 We have five <u>dish</u>. ➡ _____

4 They have two <u>dog</u>. ➡ _____

5 I know five <u>girl</u>. ➡ _____

6 They need two <u>benchs</u>. ➡ _____

7 They have one <u>sons</u>. ➡ _____

8 I have ten <u>book</u>. ➡ _____

9 I want two <u>tomato</u>. ➡ _____

10 We have one <u>horses</u>. ➡ _____

11 I have three <u>room</u>. ➡ _____

12 Give me one <u>pencils</u>. ➡ _____

13 I need ten <u>box</u>. ➡ _____

14 I have two <u>notebook</u>. ➡ _____

15 They have two <u>piano</u>. ➡ _____

밑줄 친 부분이
한 개를 나타내면
단수형, 둘 이상을
나타내면 복수형!

WORDS · son 아들   · horse 말   · room 방   · give (건네)주다   · notebook 공책

B 주어진 말을 사용하여 다음 문장을 완성하세요.

1   We have two _____cats_____. (cat)

2   I have three _____. (bag)

3   I have twenty _____. (book)

4   I have seven _____. (friend)

5   They have two _____. (bear)

6   We need five _____. (table)

7   They need two _____. (bench)

8   They know three _____. (hero)

9   I know ten _____. (teacher)

10   We need eight _____. (potato)

11   I have six _____. (box)

12   We have two _____. (piano)

13   They have four _____. (bus)

14   I need five _____. (dish)

15   They need ten _____. (glass)

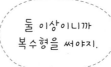

둘 이상이니까
복수형을 써야지.

WORDS · cat 고양이   · bag 가방   · book 책   · friend 친구   · teacher 선생님

Lesson 02 셀 수 있는 명사의 복수형

1 셀 수 있는 명사의 복수형 – 규칙 변화 (2)

❶ They have a baby.   그들은 아기가 한 명 있다.
   They have two babies.   그들은 아기가 두 명 있다.

❷ We need a knife.   우리는 칼이 한 개 필요하다.
   We need two knives.   우리는 칼이 두 개 필요하다.

❶ 「자음+y」로 끝나는 명사는 -y를 -ies로 바꿉니다.

baby 아기 – babies 아기들   puppy 강아지 – puppies 강아지들
strawberry 딸기 – strawberries 딸기들   lady 숙녀 – ladies 숙녀들
city 도시 – cities 도시들   country 나라 – countries 나라들

   💡 「모음+y」로 끝나는 명사는 끝에 -s만 붙이면 됩니다.

    boy 남자아이 – boys 남자아이들   monkey 원숭이 – monkeys 원숭이들

❷ -f나 -fe로 끝나는 명사는 -f나 -fe를 -ves로 바꿉니다.

leaf 나뭇잎 – leaves 나뭇잎들   wolf 늑대 – wolves 늑대들
calf 송아지 – calves 송아지들   elf 요정 – elves 요정들
knife 칼 – knives 칼들   wife 아내 – wives 아내들

   💡 roof 지붕 – roofs 지붕들

Grammar Walk!

정답 및 해설 6쪽

A 다음 중 알맞은 규칙을 찾아 빈칸에 써넣고, 주어진 명사의 복수형을 쓰세요.

> y → ies   s   f → ves   fe → ves

1	baby	+	y → ies	⮕	babies
2	strawberry	+		⮕	
3	monkey	+		⮕	
4	leaf	+		⮕	
5	knife	+		⮕	
6	roof	+		⮕	
7	city	+		⮕	
8	wolf	+		⮕	
9	lady	+		⮕	
10	puppy	+		⮕	

복수형 만들 때 -s, -es만 붙이면 되는 줄 알았는데 그게 아니네?

응. 「자음+y」로 끝나는 명사나 -f(e)로 끝나는 명사는 주의해야 해.

「자음+y」로 끝나는 건 -y를 -ies로 바꿔야 한다는 거지?

맞아. -f(e)로 끝나는 명사는 -f(e)를 -ves로 바꾸고.

WORDS ·baby 아기   ·strawberry 딸기   ·leaf (나뭇)잎   ·knife 칼   ·roof 지붕

02 셀 수 있는 명사의 복수형

2 셀 수 있는 명사의 복수형 – 불규칙 변화

❶ They have a <u>sheep</u>.   그들에게는 양이 한 마리 있다.

    They have ten **sheep**.   그들에게는 양이 열 마리 있다.

❷ They have a <u>child</u>.   그들은 아이가 한 명이다.

    They have three **children**.   그들은 아이가 세 명이다.

❸ I need new **pants**.   나는 새 바지가 필요하다.

> 명사의 복수형이 -s 나 -es를 붙이지 않고 불규칙하게 변하는 경우도 있어.

❶ 단수와 복수의 형태가 같은 명사

    deer 사슴 – **deer** 사슴들   sheep 양 – **sheep** 양들

    fish 물고기 – **fish** 물고기들

❷ 불규칙하게 변하는 명사

    man 남자 – **men** 남자들   woman 여자 – **women** 여자들

    foot 발 – **feet** 발들   tooth 치아 – **teeth** 치아들

    goose 거위 – **geese** 거위들

    child 어린이 – **child**ren 어린이들   ox 황소 – **ox**en 황소들

❸ 항상 복수형으로 쓰는 명사

    clothes 옷   pants 바지   jeans 면바지   glasses 안경   scissors 가위

Grammar Walk!

정답 및 해설 6쪽

A 다음 중 명사의 단수형과 복수형을 찾아 빈칸에 순서대로 쓰세요.

ox	teeth	women	goose
tooth	oxen	geese	woman

단수형

1   ox

2 _____

3 _____

4 _____

복수형

1   teeth

2 _____

3 _____

4 _____

> 뭐야, 이건 또? -s, -es도 없는데 복수형이라고?
>
> 호호. 그렇게 골치 아픈 표정 하지 마. 이렇게 불규칙하게 변하는 건 몇 개 안 되니까.
>
> 그냥 외우는 수밖에 없겠네.
>
> 응. 한 단어 한 단어 정성껏.

B 다음 명사의 단수형과 복수형을 선으로 연결하세요.

1 deer   a. feet

2 man   b. deer

3 child   c. sheep

4 foot   d. children

5 sheep   e. men

WORDS ·ox 황소   ·tooth 이, 치아   ·woman (성인) 여자   ·goose 거위   ·deer 사슴

Grammar Run! ....

A 다음 명사의 복수형을 골라 동그라미 하세요.

1   baby (babys / (babies))

2   toy (toys / toies)

3   leaf (leafs / leaves)

4   deer (deer / deers)

5   foot (foots / feet)

6   man (men / mans)

7   child (childs / children)

8   lady (ladys / ladies)

9   monkey (monkeys / monkeyes)

10   wolf (wolfs / wolves)

11   country (countrys / countries)

12   tooth (teeth / teeths)

13   sheep (sheeps / sheep)

14   roof (roofs / rooves)

15   goose (gooses / geese)

「자음+y」로 끝나는 명사는 -y를 -ies로!

-f(e)로 끝나는 명사는 -f(e)를 -ves로!

하지만 예외도 있으니 주의해!

B 다음 문장의 빈칸에 알맞은 말을 골라 동그라미 하세요.

1 I have seven _____.　❶ toy　　　　　②toys

2 They have two _____.　❶ baby　　　　❷ babies

3 I need a _____.　　　❶ knife　　　　❷ knives

4 I have four _____.　　❶ leafs　　　　❷ leaves

5 I have two _____.　　❶ feet　　　　❷ foots

6 We have three _____.　❶ goose　　　❷ geese

7 I wear _____.　　　　❶ glass　　　❷ glasses

8 They have four _____.　❶ children　　❷ childs

9 We have twelve _____.　❶ sheep　　　❷ sheeps

10 I need _____.　　　　❶ pant　　　　❷ pants

11 I know five _____.　　❶ city　　　　❷ cities

12 They need three _____.　❶ strawberries　❷ strawberrys

13 I have three _____.　　❶ puppy　　　❷ puppies

14 I see two _____.　　　❶ ladys　　　❷ ladies

15 We need seven _____.　❶ days　　　　❷ daies

WORDS · wear 쓰고[입고/끼고] 있다　　· glasses 안경　　· sheep 양　　· pants 바지　　· see (눈으로) 보다

Grammar Jump!

A 다음 명사의 복수형과 그 뜻을 빈칸에 쓰세요.

1 a city ➡ two ___cities___ (도시 두 곳)

2 a toy ➡ three _____ (   )

3 a leaf ➡ four _____ (   )

4 a fish ➡ five _____ (   )

5 a woman ➡ six _____ (   )

6 a foot ➡ two _____ (   )

7 a calf ➡ three _____ (   )

8 a roof ➡ six _____ (   )

9 a sheep ➡ five _____ (   )

10 a tooth ➡ seven _____ (   )

11 a child ➡ three _____ (   )

12 an ox ➡ nine _____ (   )

13 a goose ➡ ten _____ (   )

14 a deer ➡ four _____ (   )

15 a country ➡ two _____ (   )

복수형이 규칙적으로 변하는 명사와 불규칙하게 변하는 명사에 어떤 것들이 있는지 떠올려 봐.

B 다음 명사의 단수형과 그 뜻을 빈칸에 쓰세요.

1 two teeth   ➡ a ____tooth____ (치아 한 개   )

2 six wolves   ➡ a _____ (   )

3 nine sheep   ➡ a _____ (   )

설마 복수형 보고 단수형이 안 떠오르진 않겠지?

4 five fish   ➡ a _____ (   )

5 seven ladies   ➡ a _____ (   )

6 eight children   ➡ a _____ (   )

7 two women   ➡ a _____ (   )

8 five feet   ➡ a _____ (   )

9 seven oxen   ➡ an _____ (   )

10 eight countries   ➡ a _____ (   )

11 two knives   ➡ a _____ (   )

12 seven monkeys   ➡ a _____ (   )

13 three geese   ➡ a _____ (   )

14 four deer   ➡ a _____ (   )

15 five leaves   ➡ a _____ (   )

WORDS · wolf 늑대   · foot 발   · monkey 원숭이   · goose 거위

Grammar Fly! ·

A 다음 문장의 밑줄 친 부분을 바르게 고쳐 빈칸에 쓰세요.

1   I have two <u>babys</u>. ➡ _____babies_____

2   We have twenty <u>sheeps</u>. ➡ _____

항상 복수형으로
쓰는 명사에 주의해!

3   I need new <u>jean</u>. ➡ _____

4   I wear <u>pant</u>. ➡ _____

5   Give me the <u>scissor</u>. ➡ _____

6   I see five <u>mans</u>. ➡ _____

7   They have ten <u>gooses</u>. ➡ _____

8   They have two <u>puppys</u>. ➡ _____

9   I have two <u>leafs</u>. ➡ _____

10 They are good <u>wifes</u>. ➡ _____

11 I want five <u>toies</u>. ➡ _____

12 We see four <u>womans</u>. ➡ _____

13 We have eleven <u>deers</u>. ➡ _____

14 They have three <u>childs</u>. ➡ _____

15 We have six <u>oxes</u>. ➡ _____

WORDS   · new 새, 새로운   · jeans 면바지   · scissors 가위   · puppy 강아지   · wife 아내

B 주어진 말을 사용하여 다음 문장을 완성하세요.

1 I need two _____days_____ . (day)

2 They have three _____ . (fish)

3 I wear _____ . (jean)

4 They have four _____ . (foot)

5 We have six _____ . (goose)

6 I have ten _____ . (sheep)

7 We see seven _____ . (woman)

8 They have five _____ . (strawberry)

9 We have two _____ . (knife)

10 They have eight _____ . (ox)

11 I know four _____ . (city)

12 I have many _____ . (leaf)

13 They have two _____ . (child)

14 I see four _____ . (man)

15 I see two _____ . (wolf)

WORDS ·need 필요로 하다   ·day 하루, 날   ·know 알다, 알고 있다   ·many 많은

REVIEW ∙ 02

1 다음 중 셀 수 있는 명사가 <u>아닌</u> 것을 고르세요.

❶ box   ❷ water

❸ bag   ❹ day

2 다음 중 명사의 복수형을 고르세요.

❶ dish   ❷ mother

❸ women   ❹ school

[3-5] 다음 중 명사의 단수형과 복수형이 <u>잘못</u> 짝지어진 것을 고르세요.

3 ❶ boy – boys

❷ bus – buses

❸ leaf – leaves

❹ city – citys

4 ❶ potato – potatoes

❷ sheep – sheeps

❸ man – men

❹ country – countries

5 ❶ child – children

❷ monkey – monkeys

❸ foot – feets

❹ fish – fish

[6-8] 다음 밑줄 친 부분을 바르게 고친 것을 고르세요.

6 I need two <u>tomatos</u>.

❶ tomato   ❷ tomatoes

❸ tomatoen   ❹ tomatoses

7 We have five <u>puppy</u>.

❶ puppys   ❷ puppyes

❸ puppies   ❹ puppyees

8 They have ten <u>gooses</u>.

❶ goose   ❷ goosen

❸ geeses   ❹ geese

[9-10] 다음 문장을 아래와 같이 바꿔 쓸 때, 괄호 안에서 알맞은 말을 고르세요.

9 They have a child.

➡ They have two (childs / children).

10 We need a dish.

➡ We need ten (dishs / dishes).

[11-12] 다음 우리말 뜻과 같도록 괄호 안에서 알맞은 말을 골라 동그라미 하세요.

11 나는 가위가 필요하다.

➡ I need (scissor / scissors).

12 우리는 사슴 열 마리를 가지고 있다.

➡ We have ten (deer / deers).

[13-15] 다음 문장을 아래와 같이 바꿔 쓸 때, 빈 칸에 알맞은 단어를 쓰세요.

13 They have a knife.

➡ They have two _____.

14 I have a goose.

➡ I have three _____.

15 We see a baby.

➡ We see two _____.

[16-18] 다음 우리말 뜻과 같도록 주어진 말을 사용하여 문장을 완성하세요.

16 나는 안경을 쓴다.

➡ I wear _____.
(glass)

17 그들은 양을 열 마리 가지고 있다.

➡ They have ten _____.
(sheep)

18 우리는 토마토 일곱 개를 가지고 있다.

➡ We have seven _____.
(tomato)

[19-20] 다음 밑줄 친 부분을 바르게 고쳐서 문장을 다시 쓰세요.

19 They have ten <u>bench</u>.

➡ _____

20 I see four <u>mans</u>.

➡ _____

Check! Check! ● ●

맞은 개수	평가
18~20개	😄 참 잘했어요.
15~17개	🙂 잘했어요.
9~14개	😑 노력해 봐요.
0~8개	🙁 다음에 잘할 거예요.

WRAP UP

● 다음 만화를 보면서 **Unit 02**의 내용을 정리해 봐요.

1 셀 수 있는 명사의 복수형 – 규칙 변화

규칙		예	
대부분의 명사	-s	student – students	chair – chairs
-s/-sh/-ch/-x로 끝나는 명사	-es	bus – buses dish – dishes box – boxes	glass – glasses bench – benches
「자음+o」로 끝나는 명사	-es	potato – potatoes	tomato – tomatoes
「자음+y」로 끝나는 명사	-y → -ies	baby – babies	city – cities
「모음+y」로 끝나는 명사	-s	monkey – monkeys	toy – toys
-f 또는 -fe로 끝나는 명사	-f → -ves -fe → -ves	leaf – leaves knife – knives	wolf – wolves wife – wives

2 셀 수 있는 명사의 복수형 – 불규칙 변화

특징	예		
단수형 = 복수형	deer – deer	sheep – sheep	fish – fish
불규칙하게 변하는 명사	man – men foot – feet ox – oxen	woman – women tooth – teeth child – children	goose – geese
항상 복수형을 쓰는 명사	clothes, pants, jeans, glasses, scissors		

03 셀 수 없는 명사

- 셀 수 없는 명사에는 어떤 것들이 있는지 이해할 수 있어요.
- 셀 수 없는 명사의 양을 나타내는 방법을 알고 활용할 수 있어요.

아휴, 힘들다, 날이 더워서 그런가?

헉 헉

물들 있으면 나 조금만 주라.

물들? 물은 셀 수 없으니까 복수형으로 말하면 안 되지.

왜? 물 한 컵, 두 컵, 이렇게 셀 수 있잖아. 왜 못 세?

그럼 물들, **waters** 이렇게 말한다고? 완전 엉터리!

혁아. 물은 한 개, 두 개, 셀 수 없으니까 복수형으로 못 쓰는 게 맞아.

이럴 수가!

봐, 물은 일정한 형태가 없고 또 담는 그릇에 따라 양도 달라져서 셀 수 없는 명사인 거야.

아, 맞네. 우유를 큰 컵에 담아도 한 컵, 작은 컵에 담아도 한 컵이구나.

셀 수 없는 명사가 나와서 하는 말인데, 서울이나 일요일,

일요일 日 SUN

그리고 혁이 너! 이런 명사는 셀 수 있을까?

뭐? 나를 세겠다고?

나는 나, 딱 하나 아냐? 뭐 굳이 세려면… 셀 수 있나?

이 바보. 난 고유명사를 셀 수 있는지 없는지 물어본 거라고.

아이고, 더워. 물은 안 주고 딴소리만.

어물쩍 넘어가려고?

딴 데 가자. 본전도 못 찾을라.

아, 맞다! 얼마큼 줄까? 한 컵?

기왕이면 두 컵~! 히히.

아까는 잘도 웃겼다~!

자, 어디 한번 마셔 봐! 두 컵!

엄마야!

셀 수 있는 명사가 있다면 셀 수 없는 명사도 있겠지? 그럼 이제부터 셀 수 없는 명사에는 어떤 것들이 있고, 무슨 특징을 가지고 있는지 알아보자. 그리고 셀 수 없는 명사의 양은 어떻게 표현하는지 함께 공부해 보자.

셀 수 없는 명사의 종류

1 물질명사와 추상명사

❶ We eat **bread** and **milk**.　　　우리는 빵과 우유를 먹는다.

　 Trees need **sunshine**.　　　나무는 햇빛이 필요하다.

❷ I like **music**.　　　나는 음악을 좋아한다.

　 I need **time**.　　　나는 시간이 필요하다.

셀 수 없는 명사는 일정한 형태가 없거나 눈에 보이지 않아 개수를 셀 수 없는 것들의 이름입니다.

❶ **물질명사**: 일정한 형태가 없는 물질이나 자연 현상을 나타내는 명사입니다.
　일정한 형태가 없기 때문에 한 개, 두 개 등으로 수를 셀 수 없습니다.

　• 기체: air 공기, gas 가스
　• 액체: juice 주스, milk 우유, water 물, coffee 커피, tea 차
　• 고체: bread 빵, cheese 치즈, pizza 피자, butter 버터, gold 금
　• 자연 현상: rain 비, snow 눈, sunshine 햇빛

❷ **추상명사**: 눈에 보이지 않는 생각이나 감정, 개념 등을 나타내는 명사입니다.
　눈에 보이지 않기 때문에 한 개, 두 개 등으로 수를 셀 수 없습니다.

　• 생각이나 감정: love 사랑, hope 희망
　• 과목: art 미술, English 영어, math 수학, music 음악
　• 운동: soccer 축구, baseball 야구
　• 기타: energy 에너지, time 시간

Grammar Walk!

정답 및 해설 9쪽

A 다음 중 셀 수 없는 명사를 골라 동그라미 하세요.

1 chair / (air)

2 toy / milk

3 rain / dog

4 baby / love

5 time / car

6 cheese / child

7 country / gold

8 sheep / sunshine

cheese는 왜 셀 수가 없는 거야?

cheese 같은 말은 형태가 일정하지 않아서 수를 세기 힘들기 때문이야.

형태가 일정하지 않다고?

cheese는 만드는 방법에 따라 모양이나 크기가 다르잖아. 그래서는 하나 둘 세기 힘들지 않을까?

B 주어진 명사가 물질명사이면 A, 추상명사이면 B를 빈칸에 쓰세요.

1 gas _____A_____

2 hope _____

3 time _____

4 water _____

5 love _____

6 cheese _____

7 art _____

8 snow _____

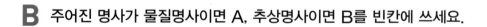

WORDS　·milk 우유　·country 국가, 나라　·sunshine 햇빛　·time 시간

셀 수 없는 명사의 종류

2 고유명사

① **Yuna** is a skater.　　　　유나는 스케이트 선수이다.

② We live in **Seoul**.　　　　우리는 서울에 산다.

③ I like **Christmas**.　　　　나는 크리스마스를 좋아한다.

④ They play soccer on **Saturday**.　　　그들은 토요일에 축구를 한다.

세상에 하나뿐인 특정한 사람이나 사물, 장소 등의 이름을 나타내는 말을 고유명사라고 합니다.

① 사람 이름

Emily　　　　　　Jimin　　　　　　Mr. Kennedy

> 고유명사는 셀 수 없는 명사라서 하나를 뜻하는 a[an]이나 숫자와 함께 쓰지 않고 복수형도 쓰지 않아.

② 도시, 국가, 강 등의 이름

Seoul 서울　　　　Canada 캐나다　　　Asia 아시아

③ 명절, 축제의 이름

New Year's Day 새해 첫날　　　　Christmas 크리스마스

④ 요일, 달의 이름

Monday 월요일　　Tuesday 화요일　　Wednesday 수요일　　Thursday 목요일

Friday 금요일　　Saturday 토요일　　January 1월　　February 2월　　March 3월

April 4월　　May 5월　　June 6월　　July 7월　　August 8월

Grammar Walk!

정답 및 해설 9쪽

A 다음 중 고유명사를 골라 동그라미 하세요.

1 singer / (Paul)

2 city / Seoul

3 Christmas / tree

4 country / Asia

5 cap / Canada

6 Kennedy / doctor

7 May / homework

8 bread / Monday

고유명사가 특정한 것을 가리키는 말이라고?

응. 혁이 네 이름이나 서울, 한강 같은 도시나 강 이름 등이 고유명사야.

어? 그런데 고유명사는 첫 글자가 다 대문자네?

맞아. 고유명사는 반드시 첫 글자를 대문자로 써야 해.

B 다음 중 바르게 쓰인 단어를 골라 동그라미 하세요.

1 seoul / (Seoul)

2 Christmas / christmas

3 Asia / asia

4 tuesday / Tuesday

5 Mr. kim / Mr. Kim

6 Jennifer / jennifer

7 January / january

8 New year's day / New Year's Day

WORDS ·city 도시 ·Asia 아시아 (대륙) ·homework 숙제 ·bread 빵 ·Tuesday 화요일

Grammar Run! ....

A 다음 중 셀 수 없는 명사를 골라 동그라미 하세요.

1   baby / (juice)

2   tree / water

3   air / school

4   love / friend

5   Paul / boy

6   bag / Monday

7   Mr. Obama / teacher

8   gold / flower

9   woman / Emily

10 snow / child

11 car / hope

12 love / book

13 dog / May

14 music / lady

15 Seoul / pants

| WORDS | · air 공기 | · school 학교 | · Monday 월요일 | · flower 꽃 | · music 음악 |

B 다음 셀 수 없는 명사의 종류로 알맞은 것을 골라 동그라미 하세요.

1 rain ((물질명사) / 추상명사 / 고유명사)

2 love (물질명사 / 추상명사 / 고유명사)

3 July (물질명사 / 추상명사 / 고유명사)

4 baseball (물질명사 / 추상명사 / 고유명사)

5 bread (물질명사 / 추상명사 / 고유명사)

6 time (물질명사 / 추상명사 / 고유명사)

7 Mr. Park (물질명사 / 추상명사 / 고유명사)

8 milk (물질명사 / 추상명사 / 고유명사)

9 sunshine (물질명사 / 추상명사 / 고유명사)

10 math (물질명사 / 추상명사 / 고유명사)

11 soccer (물질명사 / 추상명사 / 고유명사)

12 Christmas (물질명사 / 추상명사 / 고유명사)

13 juice (물질명사 / 추상명사 / 고유명사)

14 Asia (물질명사 / 추상명사 / 고유명사)

15 air (물질명사 / 추상명사 / 고유명사)

셀 수 없는 명사에는 물질명사, 추상명사, 고유명사가 있다고 했지?

WORDS ·rain 비 ·July 7월 ·baseball 야구 ·math 수학 ·Christmas 크리스마스

Grammar Jump!

A 다음 문장에서 셀 수 없는 명사를 찾아 쓰세요.

1 You like butter. ➡ _____butter_____

2 We have hope. ➡ _____

3 I want water. ➡ _____

4 I like snow. ➡ _____

5 They live in Seoul. ➡ _____

6 We drink juice. ➡ _____

7 I eat bread. ➡ _____

8 We need sunshine. ➡ _____

9 Children like Christmas. ➡ _____

10 I know Andy. ➡ _____

11 I need money. ➡ _____

12 They want love. ➡ _____

13 I like Saturday. ➡ _____

14 They like rain. ➡ _____

15 Mr. Smith is a teacher. ➡ _____

> 우선 문장에서 명사를 찾아봐. 그리고 그 명사가 하나, 둘, 수를 셀 수 있는지 없는지 생각해 봐.

WORDS · like 좋아하다 · butter 버터 · live in ~에 살다 · drink 마시다 · know 알다, 알고 있다

B 다음 단어들을 물질명사, 추상명사, 고유명사로 나누어 빈칸에 쓰세요.

air	baseball	Asia	juice	English
love	Paul	snow	math	Christmas
bread	Monday	gold	music	December

물질명사   air   _____

_____   _____

_____

일정한 형태가 없는 건 물질명사! 눈에 보이지 않는 건 추상명사! 하나밖에 없는 특별한 것의 이름은 고유명사!

추상명사   baseball   _____

_____   _____

_____

고유명사   Asia   _____

_____   _____

_____

WORDS · juice 주스 · love 사랑 · snow 눈 · gold 금 · December 12월

Grammar Fly! ·

A 다음 문장의 밑줄 친 부분을 바르게 고쳐 빈칸에 쓰세요.

1 I eat <u>breads</u>. ➡ _____bread_____

2 I like <u>snows</u>. ➡ _____

3 We like <u>christmas</u>. ➡ _____

4 They drink <u>milks</u>. ➡ _____

5 I want <u>loves</u>. ➡ _____

6 We need <u>times</u>. ➡ _____

7 Give me <u>waters</u>. ➡ _____

8 I know <u>tommy</u>. ➡ _____

9 They like <u>juices</u>. ➡ _____

10 Today is <u>saturday</u>. ➡ _____

11 They need <u>sunshines</u>. ➡ _____

12 I visit <u>Mr. park</u>. ➡ _____

13 We live in <u>seoul</u>. ➡ _____

14 I like <u>Math</u>. ➡ _____

15 I want <u>moneys</u>. ➡ _____

셀 수 없는 명사는 수를 셀 수 없으니까 명사 끝에 -s, -es를 붙여서 복수형으로 쓰면 안 되잖아.

고유명사는 첫 글자를 항상 대문자로 써야 한다는 것도 잊지 말아야지.

WORDS · eat 먹다 · want 원하다, 바라다 · today 오늘 · Saturday 토요일 · visit 방문하다

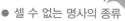

B 다음 보기에서 알맞은 단어를 찾아 빈칸에 쓰세요.

milk	juice	Sunday	money	cheese
rain	sunshine	hope	Jennifer	New York

1 I like _____juice_____.
나는 주스를 좋아한다.

2 I know _____.
나는 제니퍼를 안다.

3 We need _____.
우리는 돈이 필요하다.

4 They live in _____.
그들은 뉴욕에 산다.

5 We go to church on _____.
우리는 일요일에 교회에 간다.

6 I drink _____ every day.
나는 매일 우유를 마신다.

7 I like _____.
나는 비를 좋아한다.

8 We need _____.
우리는 햇빛이 필요하다.

9 _____ is very important.
희망은 무척 중요하다.

10 I like _____.
나는 치즈를 좋아한다.

> 어? 보기에 있는 것들 모두 수를 셀 수 없는 명사네?

WORDS ·church 교회 ·Sunday 일요일 ·every day 매일 ·money 돈 ·important 중요한

셀 수 없는 명사의 특징

1 셀 수 없는 명사의 양 표현

I drink **a glass of** <u>milk</u> every day.　　나는 매일 우유 한 잔을 마신다.

Give me **a sheet of** <u>paper</u>.　　내게 종이 한 장을 줘.

We buy **a loaf of** <u>cheese</u> every day.　　우리는 매일 치즈 한 덩어리를 산다.

I eat **a bowl of** <u>soup</u> every day.　　나는 매일 수프 한 그릇을 먹는다.

셀 수 없는 명사인 물질명사는 일정한 형태가 없는 물질이므로 용기나 단위 등을 이용해서 양을 표현합니다.

단위	뜻	물질명사
a cup of / a glass of ~	~ 한 컵 / ~ 한 잔	coffee, tea, milk, water
a bottle of ~	~ 한 병	juice, milk
a bowl of ~	~ 한 그릇	rice, soup
a spoonful of ~	~ 한 숟가락	salt, sugar
a piece of ~	~ 한 조각	cake, paper
a loaf of ~	~ 한 덩어리	bread, cheese, meat
a sheet of / a piece of ~	~ 한 장	paper
a kilo of ~	~ 1킬로	salt, sugar
a liter of ~	~ 1리터	milk, water

Grammar Walk!

정답 및 해설 11쪽

A 다음 우리말 뜻과 같도록 괄호 안에서 알맞은 말을 골라 동그라미 하세요.

1 물 한 잔 ➡ a ((glass) / piece) of water

2 설탕 한 숟가락 ➡ a (piece / spoonful) of sugar

3 쌀 1킬로 ➡ a (sheet / kilo) of rice

4 수프 한 그릇 ➡ a (loaf / bowl) of soup

5 주스 한 병 ➡ a (bottle / cup) of juice

6 종이 한 장 ➡ a (sheet / liter) of paper

7 피자 한 조각 ➡ a (spoonful / piece) of pizza

8 고기 한 덩어리 ➡ a (sheet / loaf) of meat

9 커피 한 잔 ➡ a (cup / piece) of coffee

10 우유 1리터 ➡ a (kilo / liter) of milk

WORDS · sugar 설탕　· sheet (종이) 한 장　· pizza 피자　· meat 고기　· coffee 커피

02 셀 수 없는 명사의 특징

2 주의해야 할 셀 수 없는 명사의 쓰임

❶ Give me **water**.   내게 물을 줘.

❷ You drink two **glasses** of juice.   너는 주스 두 잔을 마신다.

   I have three **kilos** of rice.   나는 쌀 3킬로를 가지고 있다.

❶ 셀 수 없는 명사는 항상 단수형으로만 써야 하고 수를 나타내는 표현과 함께 쓸 수 없습니다.

Give me <u>two waters</u>. (×)   Give me <u>a water</u>. (×)

❷ 물질명사의 양을 표시할 때는 숫자 뒤의 용기나 단위를 나타내는 명사를 복수형으로 씁니다.
이때 물질명사는 단수형으로 써야 합니다.

a <u>cup</u> of tea 차 한 컵 ➡	two **cups** of tea 차 두 컵
a <u>glass</u> of water 물 한 잔 ➡	two **glasses** of water 물 두 잔
a <u>bottle</u> of juice 주스 한 병 ➡	two **bottles** of juice 주스 두 병
a <u>bowl</u> of rice 밥 한 그릇 ➡	two **bowls** of rice 밥 두 그릇
a <u>spoonful</u> of sugar 설탕 한 숟가락 ➡	two **spoonfuls** of sugar 설탕 두 숟가락
a <u>piece</u> of cake 케이크 한 조각 ➡	two **pieces** of cake 케이크 두 조각
a <u>loaf</u> of meat 고기 한 덩어리 ➡	two **loaves** of meat 고기 두 덩어리
a <u>sheet</u> of paper 종이 한 장 ➡	two **sheets** of paper 종이 두 장
a <u>kilo</u> of salt 소금 1킬로 ➡	two **kilos** of salt 소금 2킬로
a <u>liter</u> of milk 우유 1리터 ➡	two **liters** of milk 우유 2리터

Grammar Walk!

정답 및 해설 11쪽

A 다음 우리말 뜻과 같도록 괄호 안에서 알맞은 말을 골라 동그라미 하세요.

1 물 두 잔 ➡ two (glass / (glasses)) of water

2 종이 두 장 ➡ two (sheet / sheets) of paper

3 주스 세 병 ➡ three (bottles / bottle) of juice

4 밥 네 그릇 ➡ four (bowl / bowls) of rice

5 케이크 두 조각 ➡ two pieces of (cakes / cake)

6 소금 두 숟가락 ➡ two (spoonfuls / spoonful) of salt

7 샐러드 두 그릇 ➡ two bowls of (salad / salads)

8 밀가루 3킬로 ➡ three kilos of (flour / flours)

9 우유 2리터 ➡ two liters of (milks / milk)

10 빵 두 덩어리 ➡ two loaves of (breads / bread)

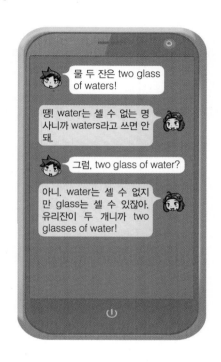

loaves는 loaf의 복수형이야. 명사를 복수형으로 쓸 때 -f를 -ves로 바꾼다고 했던 것, 기억나지?

WORDS ·bottle 병 ·bowl (우묵한) 그릇, 통 ·salt 소금 ·liter 리터(부피의 단위) ·loaf 한 덩어리

Grammar Run! ....

A 다음 문장의 괄호 안에서 알맞은 말을 골라 동그라미 하세요.

1   I need a (piece / (spoonful)) of sugar.

2   Give me a (sheet / loaf) of paper.

3   You drink a (cup / sheet) of tea.

4   They eat two (loaves / bottles) of bread.

5   I buy a (piece / liter) of milk.

6   We need two (kilos / sheets) of flour.

7   I drink a (piece / glass) of water.

8   I eat a (bowl / bottle) of rice.

9   We need a (glass / loaf) of meat.

10 I drink a (piece / cup) of coffee.

11 They buy two (bottles / pieces) of juice.

12 Give me a (sheet / bowl) of soup.

13 They want a (loaf / bottle) of ink.

14 I need two (spoonfuls / pieces) of oil.

15 We buy a (glass / loaf) of cheese.

물질명사의 양을 나타낼 때는 물질명사에 따라 사용하는 단위나 용기가 달라진다고 했지?

| WORDS | ·give (건네)주다 | ·tea 차 | ·flour 밀가루 | ·ink 잉크 | ·oil 기름 |

B 다음 문장의 빈칸에 알맞은 말을 골라 동그라미 하세요.

1 Give me a glass of _____ . ❶ paper ②water

2 We need _____ . ❶ time ❷ times

3 I eat two bowls of _____ . ❶ salads ❷ salad

4 I have ten kilos of _____ . ❶ rice ❷ rices

5 I buy two loaves of _____ . ❶ juice ❷ cheese

6 We drink two cups of _____ . ❶ tea ❷ teas

7 I eat three pieces of _____ . ❶ pizza ❷ milk

8 Give me a sheet of _____ . ❶ bread ❷ paper

9 I need a loaf of _____ . ❶ soup ❷ bread

10 We have two bottles of _____ . ❶ juice ❷ juices

11 We need a liter of _____ . ❶ sugar ❷ water

12 They buy two kilos of _____ . ❶ flour ❷ flours

13 You drink a glass of _____ . ❶ rice ❷ water

14 We eat two pieces of _____ . ❶ cake ❷ cakes

15 I need two spoonfuls of _____ . ❶ oils ❷ oil

WORDS · rice 쌀, 밥 · sheet (종이) 한 장 · paper 종이 · buy 사다 · cake 케이크

Grammar Jump!

A 다음 문장에서 밑줄 친 부분의 우리말 뜻을 빈칸에 쓰세요.

1 I drink <u>a glass of water</u>. ➡ _____물 한 잔_____

2 We have <u>a bottle of juice</u>. ➡ _____

3 You drink <u>a cup of coffee</u>. ➡ _____

4 Give me <u>ten sheets of paper</u>. ➡ _____

5 I have <u>a loaf of bread</u>. ➡ _____

6 I eat <u>two pieces of cake</u>. ➡ _____

7 We eat <u>a bowl of rice</u>. ➡ _____

용기와 단위에 해당
하는 부분을 우리말
로 해석해야겠네.

8 I need <u>six spoonfuls of sugar</u>. ➡ _____

9 They buy <u>two kilos of flour</u>. ➡ _____

10 We have <u>a liter of milk</u>. ➡ _____

11 They eat <u>four pieces of pizza</u>. ➡ _____

12 I make <u>five bowls of salad</u>. ➡ _____

13 We buy <u>a loaf of meat</u>. ➡ _____

14 I drink <u>three glasses of juice</u>. ➡ _____

15 We need <u>a spoonful of salt</u>. ➡ _____

| **WORDS** | ·have 가지다, 있다 | ·cup 컵 | ·piece 조각 | ·make 만들다 | ·salad 샐러드 |

B 다음 문장의 빈칸에 알맞은 말을 쓰세요.

1 I drink a _____glass_____ of water.
나는 물 한 잔을 마신다.

2 Give me a _____ of cake.
내게 케이크 한 조각을 줘.

3 We buy a _____ of meat.
우리는 고기 한 덩어리를 산다.

4 We have a _____ of juice.
우리는 주스 한 병을 가지고 있다.

5 Give me a _____ of salt.
내게 소금 한 숟가락을 줘.

6 I need two kilos of _____.
나는 쌀 2킬로가 필요하다.

7 I eat a bowl of _____.
나는 수프 한 그릇을 먹는다.

8 Give me a sheet of _____.
내게 종이 한 장을 줘.

9 I drink two cups of _____.
나는 차 두 잔을 마신다.

10 I need two bowls of _____.
나는 샐러드 두 그릇이 필요하다.

11 They buy two _____ of milk.
그들은 우유 두 병을 산다.

12 I eat two _____ of bread.
나는 빵 두 덩어리를 먹는다.

13 Give me two _____ of ink.
내게 잉크 두 병을 줘.

14 I eat two _____ of pizza.
나는 피자 두 조각을 먹는다.

15 I need two _____ of oil.
나는 기름 두 숟가락이 필요하다.

물질명사에 어울리는 용기나 단위가 무엇인지 생각해 봐.

Grammar Fly! ......

A 다음 문장의 밑줄 친 부분을 바르게 고쳐 빈칸에 쓰세요.

1   I drink a <u>piece</u> of water.
    나는 물 한 잔을 마신다.
    ➡ ___glass___

2   You eat a <u>loaf</u> of soup.
    너는 수프 한 그릇을 먹는다.
    ➡ _____

3   We need a <u>spoonful</u> of pizza.
    우리는 피자 한 조각이 필요하다.
    ➡ _____

4   I eat a <u>bottle</u> of rice.
    나는 밥 한 그릇을 먹는다.
    ➡ _____

5   I need a <u>cup</u> of paper.
    나는 종이 한 장이 필요하다.
    ➡ _____

6   We need three kilos of <u>flours</u>.
    우리는 밀가루 3킬로가 필요하다.
    ➡ _____

7   They need a cup of <u>waters</u>.
    그들은 물 한 컵이 필요하다.
    ➡ _____

8   I buy two bottles of <u>milks</u>.
    나는 우유 두 병을 산다.
    ➡ _____

9   Give me two sheets of <u>papers</u>.
    내게 종이 두 장을 줘.
    ➡ _____

10 We want six bowls of <u>salads</u>.
    우리는 샐러드 여섯 그릇을 원한다.
    ➡ _____

11 I need ten <u>spoonful</u> of oil.
    나는 기름 열 숟가락이 필요하다.
    ➡ _____

12 I buy two <u>kilo</u> of sugar.
    나는 설탕 2킬로를 산다.
    ➡ _____

13 They eat two <u>piece</u> of cake.
    그들은 케이크 두 조각을 먹는다.
    ➡ _____

14 We need four <u>loaf</u> of cheese.
    우리는 치즈 네 덩어리가 필요하다.
    ➡ _____

15 I have two <u>sheet</u> of paper.
    나는 종이 두 장을 가지고 있다.
    ➡ _____

물질 명사를 셀 때 사용하는 단위나 용기의 단수형과 복수형이 앞에 나온 숫자에 어울리게 쓰였는지도 눈여겨봐.

B 주어진 우리말 뜻과 같도록 빈칸에 알맞은 말을 쓰세요.

1 I drink ___a glass of water___ .
물 한 잔

2 I eat _____ .
빵 한 덩어리

3 Give me _____ .
종이 두 장

4 I buy _____ .
쌀 3킬로

5 We eat _____ .
피자 다섯 조각

6 I eat _____ .
샐러드 한 그릇

7 They need _____ .
소금 한 숟가락

8 I eat _____ .
케이크 두 조각

9 You drink _____ .
차 한 잔

10 We buy _____ .
물 두 병

11 Give me _____ .
밥 한 그릇

12 I drink _____ .
커피 세 잔

13 We have _____ .
설탕 1킬로

14 I drink _____ .
주스 한 병

15 I eat _____ .
수프 두 그릇

물질명사는 「숫자+
단위나 용기+물질명사」로
양을 표현한다는 거
기억하지?

REVIEW 03

1 다음 중 셀 수 없는 명사가 <u>아닌</u> 것을 고르세요.

① air   ② toy

③ cheese   ④ hope

2 다음 중 물질명사를 고르세요.

① love   ② milk

③ Mr. Park   ④ math

3 다음 중 추상명사를 고르세요.

① water   ② snow

③ peace   ④ Tommy

4 다음 중 고유명사를 고르세요.

① country   ② singer

③ sunshine   ④ Friday

5 다음 중 같은 종류의 명사끼리 짝지어진 것을 고르세요.

① love – cat

② table – hope

③ Paul – singer

④ water – gas

[6-8] 다음 문장의 빈칸에 알맞은 말을 고르세요.

6 I drink a _____ of water.

① piece   ② sheet

③ loaf   ④ glass

7 We buy a _____ of bread.

① bottle   ② liter

③ loaf   ④ spoonful

8 You eat a _____ of pizza.

① sheet   ② piece

③ glass   ④ cup

[9-12] 다음 우리말 뜻과 같도록 괄호 안에서 알맞은 말을 골라 동그라미 하세요.

9 나는 샐러드를 두 그릇 먹는다.

➡ I eat two (bowl / bowls) of salad.

10 우리는 설탕 3킬로가 필요하다.

➡ We need three (kilo / kilos) of sugar.

11 나는 종이 두 장이 필요하다.

➡ I need (two sheet of papers / two sheets of paper).

12 그들은 주스 네 병을 산다.

➡ They buy (four bottles of juice / four bottles of juices).

[13-15] 다음 문장을 아래와 같이 바꿔 쓸 때 빈칸에 알맞은 말을 쓰세요.

13 We need a loaf of meat.

➡ We need two _____ of meat.

14 I drink a glass of juice.

➡ I drink two _____ of juice.

15 I eat a piece of cake.

➡ I eat three _____ of cake.

정답 및 해설 13쪽

[16-18] 다음 밑줄 친 부분을 바르게 고쳐 문장을 다시 쓰세요.

16 We drink <u>milks</u> every day.

➡ _____

17 I like <u>a baseball</u>.

➡ _____

18 I need three <u>spoonful of oil</u>.

➡ _____

[19-20] 다음 우리말 뜻과 같도록 주어진 말을 사용하여 문장을 완성하세요.

19 나는 수프 한 그릇을 먹는다.

➡ I eat _____.
(a / of / bowl / soup)

20 그들은 밀가루 2킬로를 산다.

➡ They buy _____.
(kilos / two / of / flour)

Check! Check!

맞은 개수	평가
18~20개	😄 참 잘했어요.
15~17개	🙂 잘했어요.
9~14개	😐 노력해 봐요.
0~8개	🙁 다음에 잘할 거예요.

WRAP UP

● 다음 만화를 보면서 Unit 03에서 공부한 내용을 정리해 봐요.

1 셀 수 없는 명사의 종류

	의미	예
물질명사	일정한 형태가 없는 물질이나 자연 현상	air, water, gold, salt, rain, snow
추상명사	과목, 운동, 생각이나 감정, 개념	art, soccer, love, time
고유명사	세상에 하나뿐인 사람, 사물, 장소의 이름 및 요일, 달의 이름	Emily, Asia, Christmas, Sunday, July

2 셀 수 없는 명사의 양 표현

단위				물질명사
a cup of	~ 한 잔[컵]	two cups of	~ 두 잔[컵]	coffee, tea
a glass of	~ 한 잔	two glasses of	~ 두 잔	juice, milk, water
a bottle of	~ 한 병	two bottles of	~ 두 병	juice, milk, water
a piece of	~ 한 조각	two pieces of	~ 두 조각	cake, pizza, paper
a bowl of	~ 한 그릇	two bowls of	~ 두 그릇	rice, salad, soup
a spoonful of	~ 한 숟가락	two spoonfuls of	~ 두 숟가락	salt, sugar, oil
a loaf of	~ 한 덩어리	two loaves of	~ 두 덩어리	bread, cheese, meat
a sheet of	~ 한 장	two sheets of	~ 두 장	paper
a kilo of	~ 1킬로	two kilos of	~ 2킬로	rice, salt, sugar, flour
a liter of	~ 1리터	two liters of	~ 2리터	milk, water

Unit 04 관사

- 부정관사 a, an과 정관사 the의 쓰임과 의미를 이해할 수 있어요.
- 부정관사 a, an과 정관사 the의 차이를 이해할 수 있어요.

관사에는 부정관사 a와 an, 그리고 정관사 the가 있어. 영어에서는 명사 앞에 어떤 관사가 붙느냐에 따라서 그 의미가 달라진다고 해. 그럼 이제부터 a와 an 은 언제 붙이는지, 또 the는 a와 an과 어떻게 다른지 함께 공부해 보자.

부정관사 a/an

1 부정관사의 쓰임

① She is **a** teacher.　　　그녀는 선생님이다.

② This is **a** cat.　　　이것은 고양이다.

　I have **an** umbrella.　　나는 우산 하나를 가지고 있다.

③ We play soccer for **an** hour.　우리는 한 시간 동안 축구를 한다.

　I wear **a** uniform.　　　나는 유니폼을 입는다.

> '(막연한) 하나의'라는 뜻으로 셀 수 있는 명사 앞에 쓰는 a나 an을 부정관사라고 해.

① 부정관사 a/an은 '(막연한) 하나의'라는 뜻으로 셀 수 있는 명사의 단수형 앞에 쓰입니다.
셀 수 없는 명사 앞에는 부정관사 a/an을 쓸 수 없습니다.

　a chair 의자 한 개 (○)　　**a** desk 책상 한 개 (○)　　**a** sugar (×)　　**an** air (×)

② 자음으로 시작하는 명사 앞에는 **a**를, 모음으로 시작하는 명사 앞에는 **an**을 쓰입니다.

　a horse 말 한 마리　　**a** desk 책상 한 개　　**a** boy 남자아이 한 명　　**a** house 집 한 채

　an apple 사과 한 개　　**an** egg 달걀 한 개　　**an** igloo 이글루 한 채　　**an** ox 황소 한 마리

③ hour처럼 첫 글자가 자음 알파벳이어도 첫소리가 모음인 경우에는 **an**을 쓰입니다.
첫 글자가 모음 알파벳이어도 첫소리가 반모음인 경우에는 **a**를 쓰입니다.

　an hour 한 시간　　　**a** university 대학교

> 모음에는 a, e, i, o, u가 있어.

Grammar Walk!

A 다음 문장에서 부정관사 a, an을 찾아 동그라미 하세요.

1 This is (an) elephant.

2 They have a house.

3 I have a desk.

4 We need a chair.

5 That is an igloo.

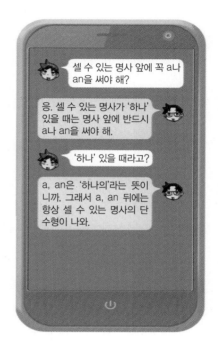

셀 수 있는 명사 앞에 꼭 a나 an을 써야 해?

응. 셀 수 있는 명사가 '하나' 있을 때는 명사 앞에 반드시 a나 an을 써야 해.

'하나' 있을 때라고?

a, an은 '하나의'라는 뜻이니까. 그래서 a, an 뒤에는 항상 셀 수 있는 명사의 단수형이 나와.

B 다음 말이 맞으면 O에, 틀리면 X에 동그라미 하세요.

1 a glass   (ⓞ , ×)

2 a rain   (○ , ×)

3 an Asia   (○ , ×)

4 an orange   (○ , ×)

5 a desk   (○ , ×)

WORDS · elephant 코끼리   · chair 의자   · igloo 이글루   · rain 비   · orange 오렌지

01 부정관사 a/an

2 부정관사 a/an의 의미

❶ I am **a** student.   나는 학생이다.

This is **a** chair.   이것은 의자이다.

❷ They have **a** daughter.   그들은 딸이 한 명 있다.

❸ I play soccer once **a** week.   나는 일주일에 한 번 축구를 한다.

❶ **정해지지 않은 막연한 하나**: 직업, 신분, 종류

사람의 직업이나 신분, 동식물의 종, 물건의 종류를 뜻하는 명사 앞에 씁니다.

이때 a/an은 보통 해석하지 않습니다.

My mother is **a** teacher.   우리 어머니는 선생님이시다.

Seoul is **a** city.   서울은 도시이다.

❷ **하나의(one)**

셀 수 있는 명사 앞에서 '하나의(one)'라는 뜻으로 쓰입니다.

I need two pencils and **an** eraser.   나는 연필 두 자루와 지우개 한 개가 필요하다.

❸ **~마다, 매 ~**

day, week처럼 단위를 나타내는 말이나 once(한 번), twice(두 번), three times(세 번)처럼 횟수를 나타내는 말과 함께 쓰여 '~마다', '매 ~'라는 뜻을 나타냅니다.

I run ten kilometers **a** day.   나는 매일 10킬로미터를 달린다.

We play baseball twice **a** week.   우리는 일주일에 두 번 야구를 한다.

> a, an은 복수형과 함께 쓸 수 없어. 그러니까 a chairs는 맞다, 틀리다? 틀리다!

Grammar Walk!

정답 및 해설 14쪽

A 다음 문장의 밑줄 친 부정관사 a/an의 의미를 찾아 선으로 연결하세요.

1 My father is <u>a</u> writer.   **a.** 직업, 신분

2 I have two pencils and <u>a</u> pen. •

3 I eat three meals <u>a</u> day. •   • **b.** 하나의(one)

4 She is <u>a</u> painter. •

5 We go there once <u>a</u> week. •   • **c.** ~마다, 매 ~

B 다음 말이 맞으면 O, 틀리면 X를 빈칸에 쓰세요.

1 a students   _____×_____

2 a ball   _____

3 a jeans   _____

4 a books   _____

5 a glass   _____

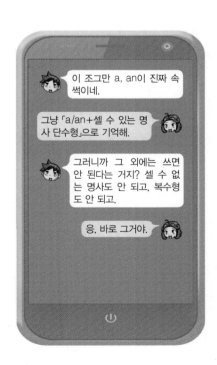

이 조그만 a, an이 진짜 속 썩이네.

그냥 「a/an+셀 수 있는 명사 단수형」으로 기억해.

그러니까 그 외에는 쓰면 안 된다는 거지? 셀 수 없는 명사도 안 되고, 복수형도 안 되고.

응, 바로 그거야.

WORDS · writer 작가   · meal 식사   · painter 화가   · there 거기에   · week 주, 일주일

관사 **85**

Grammar Run! ....

A 다음 문장의 괄호 안에서 알맞은 말을 골라 동그라미 하세요.

1 This is ((a) / an) notebook.

2 She is (a / an) dancer.

3 They have (a / an) cat.

4 We have (a / an) hour.

5 I want (a / an) umbrella.

6 It is (a / an) mobile phone.

7 I wear (a / an) uniform.

8 You want (a / an) flower.

9 They give me (a / an) egg.

10 I need (a / an) cap.

11 I eat (a / an) apple.

12 This is (a / an) orange.

13 I go to the library once (a / an) week.

14 I drink three glasses of milk (a / an) day.

15 We play soccer three times (a / an) month.

자음 앞엔 a,
모음 앞엔 an이
라고 했지?

a나 an은 day, week,
month처럼 단위를
나타내는 말 앞에서
'매 ~', '~마다'의
뜻이랬어.

WORDS · umbrella 우산 · mobile phone 휴대 전화 · uniform 제복, 유니폼 · library 도서관 · once 한 번

B 다음 문장의 빈칸에 알맞은 말을 골라 동그라미 하세요.

1 _____ elephant is big.   ❶ A   ❷ An

2 We need _____ bus.   ❶ a   ❷ an

3 We like _____ monkeys.   ❶ a   ❷ 필요 없음

4 I have _____ computer.   ❶ a   ❷ 필요 없음

5 You need _____ umbrella.   ❶ a   ❷ an

6 She is _____ nurse.   ❶ a   ❷ 필요 없음

7 Picasso is _____ artist.   ❶ a   ❷ an

8 We have _____ two dogs.   ❶ a   ❷ 필요 없음

9 They are _____ students.   ❶ a   ❷ 필요 없음

10 _____ park is in town.   ❶ A   ❷ An

11 _____ ant is small.   ❶ An   ❷ 필요 없음

12 I have three _____ cats.   ❶ a   ❷ 필요 없음

13 We want _____ love.   ❶ a   ❷ 필요 없음

14 They need _____ sunshine.   ❶ a   ❷ 필요 없음

15 They buy _____ meat there.   ❶ a   ❷ 필요 없음

WORDS ·nurse 간호사   ·artist 화가   ·park 공원   ·in town 시내에   ·buy 사다

Grammar Jump!

A 다음 문장의 빈칸에 a 또는 an을 쓰세요. 필요 <u>없는</u> 곳에는 X표 하세요.

1 We have _____a_____ house.

2 Renoir is _____ artist.

3 I drink _____ milk.

4 You have _____ eraser.

5 They eat _____ bread.

6 We need _____ time.

7 I run two kilometers _____ day.

8 They have _____ three sons.

9 I read _____ storybook.

10 They have _____ two daughters.

11 I want _____ water.

12 You like _____ orange juice.

13 My father is _____ scientist.

14 Give me _____ tomato.

15 He is _____ police officer.

| WORDS | · eraser 지우개 · storybook 이야기책 · daughter 딸 · scientist 과학자 · police officer 경찰관 |

B 다음 문장에서 밑줄 친 부분의 우리말 뜻을 빈칸에 쓰세요.

1 She is <u>a student</u>. ➡ __학생__

2 I play baseball <u>once a week</u>. ➡ _____

3 They have <u>a daughter</u>. ➡ _____

4 My sister is <u>a nurse</u>. ➡ _____

5 I want two pens and <u>a notebook</u>. ➡ _____

6 I need <u>a ruler</u>. ➡ _____

7 I have <u>a cat</u>. ➡ _____

8 She is <u>a child</u>. ➡ _____

9 We walk four kilometers <u>a day</u>. ➡ _____

10 My father is <u>a painter</u>. ➡ _____

11 <u>A giraffe</u> is tall. ➡ _____

12 I eat three meals <u>a day</u>. ➡ _____

13 Give me <u>an eraser</u>. ➡ _____

14 He is <u>an actor</u>. ➡ _____

15 They buy <u>a car</u>. ➡ _____

부정관사 a, an의 세 가지 의미를 떠올려 봐.

WORDS ·sister 언니, 누나, 여동생 ·ruler 자 ·walk 걷다 ·giraffe 기린 ·actor (남자) 배우

관사 **89**

Grammar Fly! · · · · · · · · · · · · · · · · ·

A 다음 문장의 밑줄 친 부분을 바르게 고쳐 빈칸에 쓰세요. 밑줄 친 부분이 필요 <u>없으면</u> 빈칸에 X표를 하세요.

1 She is <u>an</u> teacher. ➡ _____ a _____

2 I have <u>a</u> umbrella. ➡ _____

3 They have <u>a</u> desks. ➡ _____

4 I drink <u>a</u> milk. ➡ _____

5 I need <u>an</u> cap. ➡ _____

6 We eat <u>a</u> cheese. ➡ _____

7 I have <u>a</u> egg. ➡ _____

8 I buy <u>a</u> salt there. ➡ _____

9 I need <u>an</u> toothbrush. ➡ _____

10 They need <u>a</u> three chairs. ➡ _____

11 They eat <u>a</u> bread. ➡ _____

12 They are <u>a</u> children. ➡ _____

13 I have <u>a</u> orange. ➡ _____

14 I need <u>a</u> shoes. ➡ _____

15 I walk one kilometer <u>a</u> hour. ➡ _____

> a, an 뒤에 오는 말의 첫소리가 자음인지 모음인지 확인해 봐야지.

WORDS ·teacher 선생님 ·salt 소금 ·toothbrush 칫솔 ·shoe 신발 (한 짝) ·hour 한 시간, 시간

B 부정관사 a 또는 an과 주어진 말을 사용하여 문장을 완성하세요.

1   I have ___an umbrella___ . (umbrella)

2   We want _____. (knife)

3   That is _____. (ant)

4   Tokyo is _____. (city)

5   That is _____. (flower)

6   I eat _____. (apple)

7   Mr. Jones is _____. (writer)

8   _____ is big. (elephant)

9   I walk three kilometers _____. (hour)

10   Give me _____. (pencil)

11   I need _____. (eraser)

12   They have _____. (ox)

13   She is _____. (doctor)

14   This is _____. (igloo)

15   I read two storybooks _____. (week)

명사의 첫소리가
자음이면 「a+명사」를,
모음이면 「an+명사」를
써야겠구나.

| WORDS | ·knife 칼 | ·ant 개미 | ·flower 꽃 | ·pencil 연필 | ·doctor 의사 |

관사 **91**

정관사 the

1 정관사 the의 쓰임과 의미

❶ I have <u>a book</u>. **The book** is interesting.
나는 책이 한 권 있다. 그 책은 재미있다.

❷ Open **the window**.   창문을 열어라.

❸ **The Earth** is green.   지구는 초록색이다.

❹ They play **the piano**.   그들은 피아노를 친다.

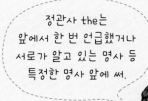 정관사 the는 앞에서 한 번 언급했거나 서로가 알고 있는 명사 등 특정한 명사 앞에 써.

❶ 앞에 나온 명사를 다시 가리킬 때 '(바로) 그'의 뜻으로 명사 앞에 정관사 **the**를 씁니다.
I have <u>a cat</u>. **The cat** is cute.   나는 고양이 한 마리를 가지고 있다. 그 고양이는 귀엽다.

❷ 서로 무엇을 말하고 있는지 알고 있는 대상 앞에 **the**를 씁니다. 집 안에 있는 물건이나 장소를 말할 때에도 **the**를 함께 씁니다.
Close **the door**.   문을 닫아라.

❸ 세상에 하나밖에 없는 것 앞에 **the**를 씁니다.
the Earth 지구   **the** sun 태양   **the** moon 달   **the** sky 하늘   **the** world 세상, 세계

❹ '연주하다'는 의미일 때 악기 이름 앞에 **the**를 씁니다.
I play **the violin**.   나는 바이올린을 켠다.

Grammar Walk!

정답 및 해설 15~16쪽

A 다음 문장에서 부정관사 a, an을 찾아 밑줄을 치고, 정관사 the를 찾아 동그라미 하세요.

1 They live with <u>a</u> girl. I know (the) girl.

2 Close the window.

3 I have a bicycle. The bicycle is new.

4 We play the guitar.

5 Ms. Gray is a doctor.

6 They have a cat. The cat is white.

7 We live on the Earth.

8 I need a notebook.

9 The sun is in the sky.

10 We have three dogs. The dogs like snow.

WORDS ·live 살다 ·with ~와 함께 ·bicycle 자전거 ·guitar 기타 ·white 흰, 흰색의

2 관사를 쓰지 않는 경우

❶ I have **breakfast**. 나는 아침 식사를 한다.

❷ We like **math**. 우리는 수학을 좋아한다.

❸ They play **soccer**. 그들은 축구를 한다.

❹ They speak **English**. 그들은 영어를 말한다.

❺ We watch **TV**. 우리는 텔레비전을 본다.

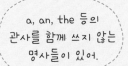

a, an, the 등의 관사를 함께 쓰지 않는 명사들이 있어.

❶ **식사 이름 앞**: breakfast 아침 식사, lunch 점심 식사, dinner 저녁 식사

We have **dinner** at home. 우리는 집에서 저녁 식사를 한다.

❷ **과목 이름 앞**: math 수학, science 과학, music 음악, art 미술

I like **science**. 나는 과학을 좋아한다.

❸ **운동 경기 앞**: soccer 축구, baseball 야구, basketball 농구, tennis 테니스,

We play **badminton**. 우리는 배드민턴을 친다.

❹ **언어 이름 앞**: Korean 한국어, English 영어, Japanese 일본어, Chinese 중국어

I speak **Chinese**. 나는 중국어를 말한다.

❺ **TV** 프로그램을 시청하다는 뜻일 때 **TV** 또는 **television** 앞에 관사를 쓰지 않습니다.

Grammar Walk!

정답 및 해설 16쪽

A 다음 중 관사를 쓰지 <u>않는</u> 명사를 찾아 빈칸에 순서대로 쓰세요.

math	basketball	piano	lunch	dish	Chinese
soccer	violin	science	doctor	tennis	breakfast
Japanese	guitar	moon	dinner	baseball	sunshine
flower	Korean	cheese	school	English	badminton

1 _____

2 _____

3 _____

4 _____

5 _____

6 _____

> 뭐야, 명사 앞에는 무조건 관사를 써야 하는 거 아니었어?

> 명사에 따라서 관사를 쓰면 안 되는 경우가 있어.

> 어떤 경우인데?

> 식사, 과목, 운동 경기, 언어 이름 앞에서는 관사를 쓰지 않아.

7 _____ 8 _____

9 _____ 10 _____

11 _____ 12 _____

13 _____ 14 _____

WORDS · lunch 점심 식사 · science 과학 · tennis 테니스 · breakfast 아침 식사 · badminton 배드민턴

Grammar Run!

A 다음 문장의 괄호 안에서 알맞은 말을 골라 동그라미 하세요.

1 Close (a / (the)) window.

2 I like (a / the) moon.

3 They play (a / the) violin.

4 I have a dog. (A / The) dog is cute.

5 Birds fly in (a / the) sky.

6 We play (the / ×) soccer.

7 They have (the / ×) breakfast.

8 I like (the / ×) science.

9 I know a dancer. (A / The) dancer is tall.

10 They speak (the / ×) English.

11 I have (the / ×) lunch with my friend.

12 You play (the / ×) guitar.

13 Open (a / the) door.

14 They live on (an / the) Earth.

15 They play (the / ×) tennis.

앞에서 언급한 말,
서로 알고 있는 대상,
세상에서 유일한 것
앞에 the를 써야
한댔지!

악기 이름을
잊어버리면
섭섭하지~.

WORDS · moon 달　· violin 바이올린　· fly 날다　· sky 하늘　· Earth 지구

B 다음 문장의 빈칸에 알맞은 것을 골라 동그라미 하세요.

1 I play _____ violin. ❶ a ❷ the

2 I like _____ math. ❶ the ❷ 필요 없음

3 Close _____ door. ❶ an ❷ the

4 _____ moon is beautiful. ❶ The ❷ 필요 없음

5 A kite is in _____ sky. ❶ the ❷ 필요 없음

6 I have _____ dinner. ❶ the ❷ 필요 없음

7 We watch _____ television. ❶ the ❷ 필요 없음

8 I have a box. _____ box is green. ❶ The ❷ 필요 없음

9 We like _____ badminton. ❶ the ❷ 필요 없음

10 They play _____ piano. ❶ the ❷ 필요 없음

11 The boys like _____ science. ❶ the ❷ 필요 없음

12 They have _____ lunch at home. ❶ the ❷ 필요 없음

13 Look at _____ bird. ❶ the ❷ 필요 없음

14 We speak _____ Korean. ❶ the ❷ 필요 없음

15 They play _____ baseball. ❶ the ❷ 필요 없음

WORDS ·kite 연 ·watch 보다, 지켜보다 ·television 텔레비전 ·green 초록색의 ·at home 집에서

Grammar Jump!

A 다음 문장의 빈칸에 알맞은 말을 쓰세요. 필요 없으면 X표 하세요.

1 I play ____the____ piano every day.

2 We have a dog. _____ dog is smart.

3 _____ moon is bright.

4 They speak _____ Japanese.

5 The men play _____ soccer on the weekend.

6 We have _____ lunch at school.

7 You play _____ guitar.

8 The girls like _____ math.

9 I have _____ breakfast.

10 Open _____ window.

11 Two girls are at the bus stop. I know _____ girls.

12 An airplane is in _____ sky.

13 I like _____ science.

14 Look at _____ elephant.

15 They have a cat. _____ cat is small.

WORDS · bright 밝은 · Japanese 일본어 · weekend 주말 · bus stop 버스 정류장 · airplane 비행기

B 다음 문장의 빈칸에 알맞은 말을 쓰세요. 필요 **없으면** X표 하세요.

1 I am _____a_____ student.
나는 학생이다.

2 _____ dog is white.
그 개는 희다.

3 I have _____ eraser.
나는 지우개 한 개를 가지고 있다.

4 Dragonflies are in _____ sky.
잠자리들이 하늘에 있다.

5 _____ sun is yellow.
태양은 노랗다.

6 You like _____ science.
너는 과학을 좋아한다.

7 I eat salad for _____ breakfast.
나는 아침 식사로 샐러드를 먹는다.

8 We play _____ basketball.
우리는 농구를 한다.

9 They speak _____ English.
그들은 영어를 말한다.

10 Open _____ window.
창문을 열어라.

11 They play _____ piano.
그들은 피아노를 친다.

12 Close _____ door.
문을 닫아라.

13 We have _____ lunch together.
우리는 함께 점심 식사를 한다.

14 I have _____ book. _____ book is interesting.
나는 책을 한 권 가지고 있다. 그 책은 재미있다.

15 I play _____ guitar twice _____ week.
나는 일주일에 두 번 기타를 친다.

관사 총출동! 정해지지 않은 것은 a 또는 an. 정해진 것은 the.

WORDS · dragonfly 잠자리 · sun 해, 태양 · yellow 노란, 노란색의 · basketball 농구 · interesting 재미있는, 흥미로운

Grammar Fly! · · · · · · · · · · · · · · · · ·

A 다음 문장의 밑줄 친 부분을 바르게 고쳐 빈칸에 쓰세요.

1 I <u>have the lunch</u> at noon. ➡ have lunch

2 Close <u>an window</u>. ➡ _____

3 I play <u>a soccer</u> after school. ➡ _____

4 I <u>play piano</u> every day. ➡ _____

5 <u>An Earth</u> is round. ➡ _____

6 We speak <u>the Korean</u>. ➡ _____

7 I <u>watch a TV</u> every night. ➡ _____

8 We <u>have the dinner</u> at home. ➡ _____

9 I like <u>a science</u>. ➡ _____

10 Look at <u>a sky</u>. ➡ _____

11 We like <u>the math</u>. ➡ _____

12 It is <u>sun</u>. ➡ _____

13 A lady is at the bus stop. I know <u>a lady</u>. ➡ _____

14 They speak <u>the Chinese</u>. ➡ _____

15 They <u>play the baseball</u> once a month. ➡ _____

| WORDS | ·noon 정오, 낮 12시 | ·round 둥근, 동그란 | ·night 밤 | ·Chinese 중국어 | ·month 달, 월 |

100 Unit 04

B 주어진 말을 사용하여 다음 문장을 완성하세요. 필요하면 a, an 또는 the와 함께 쓰세요.

1 I have bread for _____breakfast_____. (breakfast)

2 They play _____ twice a week. (soccer)

3 I play _____ on the weekend. (flute)

4 We speak _____. (English)

5 I like _____. (science)

6 I watch _____ after dinner. (television)

7 Look at _____. (moon)

8 Open _____. (door)

9 I have a photo. _____ is beautiful. (photo)

10 They play _____ here. (badminton)

11 We have _____ there. (dinner)

12 They learn _____. (Korean)

13 Birds fly in _____. (sky)

14 I like _____. (music)

15 You play _____ well. (guitar)

WORDS · twice 두 번 · flute 플루트 · here 여기에, 여기에서 · learn 배우다 · well 잘

[1-2] 다음 중 밑줄 친 말이 잘못된 것을 고르세요.

1
 ❶ She is <u>a</u> student.
 ❷ This is <u>a</u> notebook.
 ❸ I have <u>an</u> computer.
 ❹ That is <u>an</u> eraser.

2
 ❶ That is <u>a</u> church.
 ❷ I need <u>a</u> chair.
 ❸ They have <u>a</u> daughter.
 ❹ We have <u>a</u> hour.

[3-5] 다음 중 잘못된 문장을 고르세요.

3
 ❶ I have a money.
 ❷ That is a school.
 ❸ It is an elephant.
 ❹ Give me a pencil.

4
 ❶ We have two tables.
 ❷ I want a bag.
 ❸ They need a chairs.
 ❹ I eat salad.

5
 ❶ This is a uniform.
 ❷ We need an hour.
 ❸ This is a bicycle.
 ❹ We need a sunshine.

[6-7] 다음 문장의 빈칸에 알맞은 말을 고르세요.

6
 We play soccer once _____ week.

 ❶ a   ❷ an
 ❸ the   ❹ 필요 없음

7
 I have a dog. _____ dog is pretty.

 ❶ A   ❷ An
 ❸ The   ❹ 필요 없음

[8-10] 다음 중 <u>잘못된</u> 부분을 고르세요.

8 ❶ They ❷ play ❸ the ❹ baseball.

9 ❶ I ❷ like ❸ the ❹ math.

10 ❶ I ❷ have ❸ the ❹ dinner.

[11-12] 다음 우리말 뜻과 같도록 괄호 안에서 알맞은 말을 골라 동그라미 하세요.

11 창문을 열어라.

➡ Open (a / the) window.

12 나는 매일 10킬로미터를 달린다.

➡ I run ten kilometers (a /
the) day.

[13-15] 다음 우리말 뜻과 같도록 빈칸에 a, an, the 중 알맞은 말을 쓰세요. 필요 <u>없으면</u> X표 하세요.

13 나는 매일 피아노를 친다.

➡ I play _____ piano every
day.

14 우리는 함께 저녁 식사를 한다.

➡ We have _____ dinner
together.

15 그들은 토요일에 축구를 한다.

➡ They play _____ soccer
on Saturday.

정답 및 해설 18~19쪽

[16-18] 다음 밑줄 친 부분을 바르게 고쳐 문장을 다시 쓰세요.

16 We watch <u>the TV</u> after dinner.

➡ _____

17 They learn <u>the French</u> after school.

➡ _____

18 I play <u>a violin</u> every day.

➡ _____

[19-20] 다음 우리말 뜻과 같도록 주어진 말을 사용하여 문장을 완성하세요.

19 나는 일주일에 한 번 거기에 간다.

➡ I go there _____ _____ _____. (a / once / week)

20 우리는 매일 아침 식사를 한다.

➡ We _____ _____ every day. (breakfast / have)

Check! Check!..●●

맞은 개수	평가
18~20개	😄 참 잘했어요.
15~17개	🙂 잘했어요.
9~14개	😐 노력해 봐요.
0~8개	😟 다음에 잘할 거예요.

● 다음 만화를 보면서 Unit 04의 내용을 정리해 봐요.

1 부정관사 a/an: 정해지지 않은 어떤 것을 가리킬 때 셀 수 있는 명사의 단수형 앞에 씁니다.

a/an의 의미	예문
(막연한) 하나의: 직업, 신분, 종류	My mother is **a** doctor.
하나의(one)	They have two sons and **a** daughter.
~마다, 매 ~	I eat three meals **a** day.

2 정관사 the: 정해진 어떤 것을 가리킬 때 명사 앞에 쓰입니다.

앞에 나왔던 명사	A book is on the table. **The** book is mine.
서로 알고 있는 것	Open **the** window.
세상에 하나밖에 없는 것	**the** sun, **the** Earth, **the** sky, **the** moon
'연주하다'는 의미일 때 악기 이름 앞	play **the** piano, play **the** violin, play **the** flute, play **the** guitar

3 관사를 쓰지 않는 경우

식사 이름 앞	breakfast, lunch, dinner
과목 이름 앞	math, science, music, art
운동 경기 앞	soccer, baseball, basketball, tennis, badminton
언어 이름 앞	Korean, English, Chinese, Japanese, French

대명사 (1)

- 인칭대명사의 의미와 쓰임을 이해할 수 있어요.
- 문장에서의 역할에 맞게 주격, 목적격, 소유격, 소유대명사를 사용할 수 있어요.
- 명사의 소유격과 독립소유격을 사용할 수 있어요.

그게 주격이랑 목적격, 소유격이 나뉘어 있어서 이렇게 많은 거래. 어디에 어떻게 쓰이냐에 따라 모양이 다 달라.

주…격? 목… 뭐?

주격은 문장에서 주인을 말하는 거고 목적격은 행동의 대상이 되는 걸 말하는 거야.

그럼 소유격은?

주격

행동의 대상

목적격

우리가 평소 말할 때 내 거, 네 거 하잖아? 그것처럼 누구의 것인지 말해 주는 말이 소유격!

내 거!

내 거…?!

아, 여기 **his, her**라고 붙어 있는 게 누구 거라고 말해 주는 소유격이구나.

parents' books

his books

her books

친구야~. 네 영특함이 가끔 나를 놀라게 하는구나.

대충 알았으니 게임이나 계속하자!

앗! TV가 안 나와!

대충은 무슨! 한번 공부를 시작했으면 확실히 알아야지.

수업 준비 하세요~.

명사를 대신하는 말을 대명사라고 하는데 그 중 사람이나 사물을 대신해서 쓰는 말을 인칭대명사라고 해. 이러한 인칭대명사가 '누가', '누구를'이라고 말할 때 모양이 어떻게 바뀌는지 알아보자. 그리고 '누구의' 것인지 나타낼 때도 어떻게 변하는지 함께 공부해 보자.

01 인칭대명사 (1)

1 인칭대명사의 종류

❶ **I** am a doctor. <u>나는</u> 의사이다. **We** are doctors. <u>우리는</u> 의사이다.

❷ **You** are a doctor. <u>너는</u> 의사이다. **You** are doctors. <u>너희는</u> 의사이다.

❸ **He** is a doctor. <u>그는</u> 의사이다. **They** are doctors. <u>그들은</u> 의사이다.

She is a doctor. <u>그녀는</u> 의사이다.

It is a bicycle. <u>그것은</u> 자전거이다. **They** are bicycles. <u>그것들은</u> 자전거이다.

인칭대명사는 대신하는 말에 따라 1, 2, 3인칭으로 나뉩니다.

인칭대명사는 사람이나 사물의 이름인 명사를 대신해서 가리키는 말이야.

❶ 1인칭 I / we: 말하는 사람인 '나' 또는 '우리'를 가리킵니다.

❷ 2인칭 you / you: 상대방인 '너/당신' 또는 '너희/당신들'을 가리킵니다.

❸ 3인칭 he / she / it / they: 1인칭과 2인칭을 뺀 나머지를 가리킵니다.
he는 남자를, she는 여자를, it은 사물을 대신합니다.

	1인칭	2인칭	3인칭		
단수	I 나	you 너	he 그	she 그녀	it 그것
복수	we 우리	you 너희	they 그들, 그것들		

지훈이가 호떡 먹어요. 지훈이는 호떡이 좋아.
쩝쩝
오물오물

왕 느끼해. 당장 대명사를 쓰지 못해?
대명사?

나, 너, 우리같이 명사를 대신해 주는 말을 쓰면 되잖아.

대명사가 호떡을 먹지요~♪
냠냠
내(I)가 먹는 거라고 해야지.

Grammar Walk!

정답 및 해설 19쪽

A 다음 인칭대명사의 우리말 뜻을 빈칸에 쓰세요.

1 I 나 _____

2 it _____

3 you _____ (단수)

4 we _____

5 he _____

6 she _____

7 they _____

8 you _____ (복수)

B 다음 인칭대명사가 단수형이면 복수형을, 복수형이면 단수형을 괄호 안에서 골라 동그라미 하세요.

1 I (you / (we))

2 he (we / they)

3 she (they / you)

4 you (they / you)

5 it (they / you)

6 they (it / you)

7 we (I / you)

8 they (I / he)

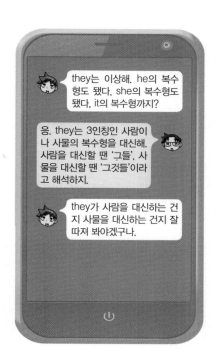

> they는 이상해. he의 복수형도 됐다. she의 복수형도 됐다. it의 복수형까지?

> 응. they는 3인칭인 사람이나 사물의 복수형을 대신해. 사람을 대신할 땐 '그들', 사물을 대신할 땐 '그것들'이라고 해석하지.

> they가 사람을 대신하는 건지 사물을 대신하는 건지 잘 따져 봐야겠구나.

01 인칭대명사 (1)

2 인칭대명사의 주격과 목적격

❶ **I** am tall. 나는 키가 크다.

He is tall. 그는 키가 크다.

It is small. 그것은 작다.

❷ They like **me**. 그들은 나를 좋아한다.

I like **you**. 나는 네[너희]를 좋아한다.

I like **her**. 나는 그녀를 좋아한다.

I like **it**. 나는 그것을 좋아한다.

You are tall. 네[너희]는 키가 크다.

They are tall. 그들은 키가 크다.

They are small. 그것들은 작다.

They like **us**. 그들은 우리를 좋아한다.

I like **him**. 나는 그를 좋아한다.

I like **them**. 나는 그들을 좋아한다.

I like **them**. 나는 그것들을 좋아한다.

❶ **주격**: 문장에서 '~은[는], ~이[가]'의 의미로 주어 역할을 할 때는 주격 인칭대명사를 사용합니다.

❷ **목적격**: 문장에서 '~을[를]'의 의미로 동사와 전치사의 목적어 역할을 할 때는 목적격 인칭대명사를 사용합니다.

인칭대명사는 문장에서 하는 역할에 따라 주격, 목적격, 소유격 으로 나뉘어.

주격	목적격	주격	목적격
I 나는	me 나를	we 우리는	us 우리를
you 너는	you 너를	you 너희는	you 너희를
he 그는	him 그를	they 그들은	them 그들을
she 그녀는	her 그녀를		
it 그것은	it 그것을	they 그것들은	them 그것들을

'그가', '나를' 좋아하는 거지! '내가' '걔를'이 아니라!

아, 뭐가 달라?

달라! 이건 주격과 목적격의 차이야!

주격인 그는 좋아하는 거고, 대상인 나는 받는 대상이야 받는 대상.

우쭐

내가 보기엔 '네가' '그를' 좋아하는 거 같다!

Grammar Walk!

정답 및 해설 19쪽

A 다음 인칭대명사의 목적격을 괄호 안에서 골라 동그라미 하세요.

1 I ((me) / us)   2 you (us / you)

3 she (you / her)   4 he (him / it)

5 it (it / me)   6 we (you / us)

7 they (us / them)

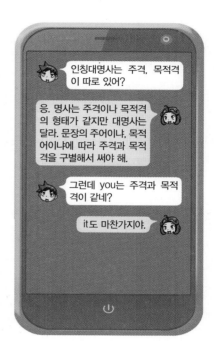

> 인칭대명사는 주격, 목적격이 따로 있어?

> 응. 명사는 주격이나 목적격의 형태가 같지만 대명사는 달라. 문장의 주어이냐, 목적어이냐에 따라 주격과 목적격을 구별해서 써야 해.

> 그런데 you는 주격과 목적격이 같네?

> it도 마찬가지야.

B 다음 문장에서 인칭대명사를 찾아 동그라미 하세요.

1 (I) am busy.   2 He is busy.

3 She is busy.   4 It is big.

5 We are busy.   6 They are busy.

7 You are busy.   8 The boys know me.

9 The boys know us.   10 The boys know him.

11 The boys know her.   12 The boys know them.

13 The boys know you.   14 The boys like it.

WORDS · busy 바쁜   · big 큰   · boy 남자아이, 소년   · know 알다, 알고 있다   · like 좋아하다

Grammar Run! ....

A 다음 문장의 괄호 안에서 알맞은 말을 골라 동그라미 하세요.

1   (**I** / Me) am a student.
     나는 학생이다.

2   (You / Us) are a teacher.
     당신은 선생님이다.

3   (He / His) is a boy.
     그는 남자아이다.

4   (She / He) is a girl.
     그녀는 여자아이다.

5   (He / It) is a car.
     그것은 자동차이다.

6   (We / Us) are friends.
     우리는 친구이다.

7   (Them / They) are nurses.
     그들은 간호사이다.

8   (They / Them) are firefighters.
     그들은 소방관이다.

9   (They / Them) are elephants.
     그것들은 코끼리이다.

10   (He / Him) is kind.
     그는 친절하다.

11   (Them / You) are handsome.
     너는 잘생겼다.

12   (She / Her) is pretty.
     그녀는 예쁘다.

13   (Her / It) is dirty.
     그것은 더럽다.

14   (We / Them) are hungry.
     우리는 배고프다.

15   (Us / They) are clean.
     그것들은 깨끗하다.

동사 앞에서 '~은[는],
~이[가]'란 뜻이면
주어니까 주격을
찾으면 되겠다.

B 다음 문장의 빈칸에 알맞은 말을 골라 동그라미 하세요.

1 They visit _____ every day.   **❶** I   **②**me
그들은 매일 나를 찾아온다.

2 They love _____.   **❶** us   **❷** we
그들은 우리를 사랑한다.

3 I like _____.   **❶** you   **❷** she
나는 너를 좋아한다.

4 I visit _____ after school.   **❶** he   **❷** him
나는 방과 후에 그를 찾아간다.

5 I know _____.   **❶** her   **❷** she
나는 그녀를 안다.

6 I have _____.   **❶** it   **❷** they
나는 그것을 가지고 있다.

7 I love _____.   **❶** they   **❷** them
나는 그들을 사랑한다.

8 The children love _____.   **❶** she   **❷** her
그 아이들은 그녀를 사랑한다.

9 The students like _____.   **❶** me   **❷** I
그 학생들은 나를 좋아한다.

10 The girls know _____.   **❶** you   **❷** I
그 여자아이들은 너를 안다.

11 The doctors visit _____ every day.   **❶** he   **❷** him
그 의사들은 매일 그를 찾아간다.

12 The classmates need _____.   **❶** them   **❷** they
그 반 친구들은 그것들을 필요로 한다.

13 Firefighters help _____.   **❶** we   **❷** us
소방관들은 우리를 도와준다.

14 The nurses like _____.   **❶** it   **❷** they
그 간호사들은 그것을 좋아한다.

15 The teachers know _____.   **❶** she   **❷** them
그 선생님들은 그들을 안다.

WORDS ·visit 방문하다, 찾아가다   ·after school 방과 후에   ·every day 매일   ·classmate 반 친구   ·help 돕다

Grammar Jump!

A 다음 문장에서 밑줄 친 부분의 우리말 뜻을 빈칸에 쓰세요.

1 I am happy. ➡ ___나는___ 행복하다.

2 You are kind. ➡ _____ 친절하다.

3 She is hungry. ➡ _____ 배고프다.

4 He is busy. ➡ _____ 바쁘다.

5 It is cute. ➡ _____ 귀엽다.

6 We are tall. ➡ _____ 키가 크다.

> 인칭대명사가 동사 뒤에
> 나왔으니 목적어네!
> 목적어는 '~을[를]'의
> 뜻이라고 했으니까…

7 You are students. ➡ _____ 학생이다.

8 They are handsome. ➡ _____ 잘생겼다.

9 We eat them. ➡ 우리는 _____ 먹는다.

10 The nurses like her. ➡ 그 간호사들은 _____ 좋아한다.

11 The children visit him every day. ➡ 그 아이들은 매일 _____ 찾아간다.

12 Firefighters help us. ➡ 소방관들은 _____ 도와준다.

13 The puppies love me. ➡ 그 강아지들은 _____ 대단히 좋아한다.

14 The teachers know them. ➡ 그 선생님들은 _____ 알고 있다.

15 The students have them. ➡ 그 학생들은 _____ 가지고 있다.

B 다음 문장의 빈칸에 알맞은 말을 쓰세요.

1 ____They____ are big.

그것들은 크다.

2 _____ are students.

우리는 학생이다.

3 _____ are firefighters.

그들은 소방관이다.

4 _____ is a donkey.

그것은 당나귀이다.

5 _____ is a hairdresser.

그녀는 미용사이다.

6 _____ is a teacher.

그는 선생님이다.

7 _____ are brothers.

너희는 형제이다.

8 They like _____.

그들은 나를 좋아한다.

9 We love _____.

우리는 너를 대단히 좋아한다.

10 I visit _____ every day.

나는 그녀를 매일 찾아간다.

11 They know _____.

그들은 그를 안다.

12 You have _____.

너는 그것을 가지고 있다.

13 They teach _____.

그들은 우리를 가르친다.

14 We help _____.

우리는 너희를 도와준다.

15 You know _____.

너희는 그들을 안다.

'~은[는], ~이[가]'는 주어, '~을[를]'은 목적어. 주격과 목적격을 잘 구별해서 써야 해.

WORDS · donkey 당나귀 · hairdresser 미용사 · brother 오빠, 형, 남동생 · teach 가르치다

Grammar Fly! ·

A 다음 문장의 밑줄 친 부분을 바르게 고쳐 빈칸에 쓰세요.

1 <u>Me</u> am a writer. ➡ ___I___
나는 작가이다.

2 <u>Him</u> is hungry. ➡ _____
그는 배고프다.

3 <u>Her</u> is a doctor. ➡ _____
그녀는 의사이다.

4 <u>Them</u> are police officers. ➡ _____
그들은 경찰관들이다.

5 <u>Us</u> are children. ➡ _____
우리는 어린이들이다.

6 <u>Them</u> are cheetahs. ➡ _____
그것들은 치타이다.

7 <u>Your</u> are doctors. ➡ _____
당신들은 의사이다.

8 The teachers like <u>I</u>. ➡ _____
그 선생님들은 나를 좋아한다.

9 The children love <u>we</u>. ➡ _____
그 어린이들은 우리를 대단히 좋아한다.

10 The nurses help <u>they</u>. ➡ _____
그 간호사들은 그들을 도와준다.

11 The firefighters know <u>he</u>. ➡ _____
그 소방관들은 그를 알고 있다.

12 The doctors visit <u>she</u> every day. ➡ _____
그 의사들은 매일 그녀를 찾아간다.

13 Students love <u>they</u>. ➡ _____
학생들은 그것들을 대단히 좋아한다.

14 The police officers know <u>I</u>. ➡ _____
그 경찰관들은 나를 알고 있다.

15 The puppies eat <u>its</u> every day. ➡ _____
그 강아지들은 매일 그것을 먹는다.

> 주어 자리엔 주격,
> 목적어 자리엔
> 목적격을 써.

WORDS · writer 작가 · doctor 의사 · police officer 경찰관 · cheetah 치타 · puppy 강아지

B 주어진 말을 사용하여 다음 문장을 완성하세요.

1 _____I_____ am sad. (me)

2 _____ are cool. (you)

3 _____ is fast. (him)

4 _____ is slow. (her)

5 _____ are happy. (us)

6 _____ are angry. (them)

7 _____ is smart. (it)

8 _____ are delicious. (them)

9 They like _____. (I)

10 You love _____. (it)

11 They help _____. (we)

12 We know _____. (he)

13 They visit _____ every day. (she)

14 You love _____. (they)

15 They know _____. (you)

빈칸이 주어 자리인지
목적어 자리인지 눈
크게 뜨고 살펴보기.

| WORDS | ·sad 슬픈 | ·cool 멋진 | ·slow 느린 | ·angry 화난, 성난 | ·delicious 맛있는 |

Lesson 02 인칭대명사와 명사의 소유격

1 인칭대명사의 소유격과 소유대명사

It is **my** bag. 그것은 내 가방이다. = The bag is **mine**.

It is **your** bag. 그것은 네 가방이다. = The bag is **yours**.

It is **his** bag. 그것은 그의 가방이다. = The bag is **his**.

It is **her** bag. 그것은 그녀의 가방이다. = The bag is **hers**.

It is **our** house. 그것은 우리 집이다. = The house is **ours**.

It is **their** house. 그것은 그들의 집이다. = The house is **theirs**.

소유격은 사람이나 사물이 누구의 또는 무엇의 것인지 나타내는 표현이야.

❶ **소유격**: '~의'라는 뜻으로 명사 앞에서 소유의 의미를 나타낼 때는 인칭대명사의 소유격을 사용합니다.

❷ **소유대명사**: 「소유격+명사」는 '~의 것'이라는 뜻의 소유대명사로 간단하게 쓸 수 있습니다.

It is **her book**. = The book is **hers**.

소유격	소유대명사	소유격	소유대명사
my 나의	mine 나의 것	our 우리의	ours 우리의 것
your 너의	yours 너의 것	your 너희의	yours 너희의 것
his 그의	his 그의 것	their 그들의	theirs 그들의 것
her 그녀의	hers 그녀의 것		
its 그것의	X	their 그것들의	theirs 그것들의 것

봐, 이게 내 건지 네 건지는 항상 중요하잖아?

끄덕

영어에선 '그게 누구 거냐' 하는 관계를 말해 주는 걸 소유격이라고 하거든?

my, your 같은 소유격을 명사 앞에 척 붙여 주면 되는….

야, 이건 mine이라고!!!

헤.. 헤..

Grammar Walk!

정답 및 해설 20쪽

A 다음 인칭대명사의 소유격을 괄호 안에서 골라 동그라미 하세요.

1 I (me / (my))

2 you (your / yours)

3 she (she's / her)

4 he (his / him)

5 it (it's / its)

6 we (our / us)

7 they (their / them)

그러니까 어떤 물건이 '누구의' 것인지 말할 때 소유격을 쓴다는 거지?

응. 소유격은 항상 사람이나 물건에 해당하는 명사와 함께 써.

내 연필, my pencil처럼? 그럼 소유대명사는?

소유대명사는 독립심이 강해서 언제나 혼자 써. 그냥 내 것이면 mine이라고 하면 돼.

B 다음 인칭대명사의 소유대명사를 찾아 선으로 연결하세요.

1 I —————————— a. mine

2 you •   • b. hers

3 she •   • c. ours

4 he •   • d. yours

5 we •   • e. theirs

6 they •   • f. his

2 명사의 소유격

❶ My **brother's** name is Minho.   내 남동생의 이름은 민호이다.

They are the **girls'** bags.   그것들은 그 여자아이들의 가방이다.

They are **children's** shoes.   그것들은 어린이들의 신발이다.

❷ The pencils are my **sister's**.   그 연필들은 우리 언니의 것이다.

The desk is **Tommy's**.   그 책상은 토미의 것이다.

명사의 소유격은 대개 명사 뒤에 -'s 를 써서 나타내.

❶ 명사의 소유격을 만드는 방법

- 명사가 단수형일 경우: 명사 뒤에 「-'s(아포스트로피+s)」를 붙여 만듭니다.

  Tom ➡ **Tom's** guitar   the dog ➡ the **dog's** name

- 명사가 -s로 끝나는 복수형일 경우: '(아포스트로피)만 붙입니다.

  boys ➡ **boys'** school   ladies ➡ **ladies'** room

- 명사가 복수형이어도 -s로 끝나지 않을 경우: 「-'s(아포스트로피+s)」를 붙여 소유격을 만듭니다.

  women ➡ **women's** bags   men ➡ **men's** shoes

❷ 명사의 독립소유격

앞에 나온 명사의 반복을 피하기 위해 소유격 뒤의 명사를 생략할 수 있습니다. 이때 「명사+-'s」는 명사의 독립소유격이라고 하고 '~의 것'으로 해석합니다.

The computer is my **father's**.   그 컴퓨터는 우리 아버지의 것이다.

= It is my **father's** computer.

Grammar Walk!

정답 및 해설 20쪽

A 다음 우리말 뜻과 같도록 괄호 안에서 알맞은 말을 골라 동그라미 하세요.

1 줄리아의 책 ➡ (Julia / (Julia's)) book

2 내 여동생의 이름 ➡ my (sisters' / sister's) name

3 그 남자아이들의 책상들 ➡ the (boys's / boys') desks

4 여성용 방 ➡ (ladies' / ladies's) room

5 남성용 바지 ➡ (men' / men's) pants

6 해리의 가방 ➡ (Harry's / Harry) bag

7 폴의 것 ➡ (Pauls / Paul's)

8 그 학생들의 책들 ➡ the (students's / students') books

9 우리 오빠의 것 ➡ my (brothers' / brother's)

10 어린이들의 것 ➡ (children's / childrens')

11 그 여자아이의 풀 ➡ the (girls / girl's) glue

12 그 간호사들의 것 ➡ the (nurses' / nurses's)

13 그 미용사의 가위 ➡ the (hairdressers / hairdresser's) scissors

14 그들의 아버지의 것 ➡ their (father's / fathers')

15 그의 여동생들의 것 ➡ his (sisters's / sisters')

말풍선:
어, 이상하다? boys'에서 -s 어디 갔어? 명사의 소유격에는 -'s를 붙인다고 했잖아.

명사가 -(e)s로 끝나는 복수형일 때는 아포스트로피(')만 붙이면 돼.

왜?

-s를 연속으로 두 번 붙이면 발음하기 어렵잖아.

WORDS · name 이름 · room 방 · pants 바지 · glue 접착제, 풀 · scissors 가위

Grammar Run! ....

A 다음 문장의 괄호 안에서 알맞은 말을 골라 동그라미 하세요.

1 It is ((my) / me) bag.
그것은 내 가방이다.

2 It is (you / your) pencil.
그것은 네 연필이다.

3 She is (his / him) sister.
그녀는 그의 여동생이다.

4 I am (her / hers) student.
나는 그녀의 학생이다.

5 We are (their / them) friends.
우리는 그들의 친구이다.

명사 앞에서
'(누구)의' 라는 소유를
나타낼 땐? 소유격을
써야지.

6 The house is (us / ours).
그 집은 우리 것이다.

7 The mobile phone is (my / mine).
그 휴대 전화는 내 것이다.

8 The pants are (her / hers).
그 바지는 그녀의 것이다.

9 The book is (yours / your).
그 책은 네 것이다.

어라? 어떤 문제는 뒤에
명사가 없네? '(누구)의 것'
이란 의미? 그렇다면
소유대명사겠구나.

10 The umbrella is (his / him).
그 우산은 그의 것이다.

11 They are (Tommy / Tommy's) teachers.
그들은 토미의 선생님이다.

12 You are (Emily' / Emily's) friend.
너는 에밀리의 친구이다.

13 It is my (uncle / uncle's) chair.
그것은 우리 삼촌의 의자이다.

14 The car is my (aunts / aunt's).
그 차는 우리 고모의 것이다.

15 The dog is my (friends / friend's).
그 개는 내 친구의 것이다.

WORDS · mobile phone 휴대 전화 · umbrella 우산 · uncle 삼촌, 외삼촌, 아저씨 · aunt 고모, 이모, 아주머니

B 다음 문장의 빈칸에 알맞은 말을 골라 동그라미 하세요.

1 It is _____ room.
그것은 내 방이다.
❶ I   **②**my

2 _____ eyes are black.
그것의 눈은 검다.
❶ It   ❷ Its

3 He is _____ brother.
그는 그녀의 남동생이다.
❶ her   ❷ hers

4 They are _____ books.
그것들은 네 책이다.
❶ you   ❷ your

5 It is _____ school.
그것은 우리 학교이다.
❶ us   ❷ our

6 The watch is _____.
그 손목시계는 그의 것이다.
❶ him   ❷ his

7 The clothes are _____.
그 옷은 그들의 것이다.
❶ theirs   ❷ them

8 The building is _____.
그 건물은 우리 것이다.
❶ us   ❷ ours

9 It is _____.
그것은 내 것이다.
❶ mine   ❷ my

10 The notebook is _____.
그 공책은 그녀의 것이다.
❶ her   ❷ hers

11 She is Mrs. _____ daughter.
그녀는 밀러 부인의 딸이다.
❶ Miller   ❷ Miller's

12 The cat is _____.
그 고양이는 미나의 것이다.
❶ Minas   ❷ Mina's

13 It is _____ car.
그것은 제인의 차이다.
❶ Jane's   ❷ Jane'

14 The desk is _____.
그 책상은 네이트의 것이다.
❶ Nate   ❷ Nate's

15 She is _____ sister.
그녀는 마이크의 여동생이다.
❶ Mike's   ❷ Mike

WORDS ·eye 눈   ·black 검은, 검은색의   ·watch 손목시계   ·clothes 옷, 의복   ·building 건물

Grammar Jump!

A 다음 문장에서 밑줄 친 부분의 우리말 뜻을 빈칸에 쓰세요.

1　It is <u>my</u> computer.　　➡　그것은 ＿＿＿＿내＿＿＿ 컴퓨터이다.

2　It is <u>your</u> bag. (단수)　➡　그것은 ＿＿＿＿＿＿ 가방이다.

3　They are <u>her</u> sisters.　➡　그들은 ＿＿＿＿＿＿ 여동생이다.

4　She is <u>our</u> teacher.　➡　그녀는 ＿＿＿＿＿＿ 선생님이시다.

5　Look at <u>its</u> eyes.　➡　＿＿＿＿＿＿ 눈을 봐.

6　The puppy is <u>his</u>.　➡　그 강아지는 ＿＿＿＿＿＿ 이다.

7　The trees are <u>theirs</u>.　➡　그 나무들은 ＿＿＿＿＿＿ 이다.

8　The flowers are <u>yours</u>. (복수)　➡　그 꽃들은 ＿＿＿＿＿＿ 이다.

9　The sandwiches are <u>ours</u>.　➡　그 샌드위치들은 ＿＿＿＿＿＿ 이다.

10　The shoes are <u>yours</u>. (단수)　➡　그 신발은 ＿＿＿＿＿＿ 이다.

11　The notebook is <u>Tom's</u>.　➡　그 공책은 ＿＿＿＿＿＿ 이다.

12　<u>Jane's</u> cat is cute.　➡　＿＿＿＿＿＿ 고양이는 귀엽다.

13　She is <u>Ann's</u> aunt.　➡　그녀는 ＿＿＿＿＿＿ 고모이다.

14　The puppy is <u>Mr. Jackson's</u>.　➡　그 강아지는 ＿＿＿＿＿＿ 이다.

15　<u>The teacher's</u> car is red.　➡　＿＿＿＿＿＿ 자동차는 빨간색이다.

| WORDS | · computer 컴퓨터 　· look at ～을 보다 　· flower 꽃 　· sandwich 샌드위치 　· red 빨간, 빨간색의 |

B 다음 문장의 빈칸에 알맞은 말을 쓰세요.

1 It is _____ your _____ room.
그것은 네 방이다.

2 He is _____ brother.
그는 내 남동생이다.

3 She is _____ aunt.
그녀는 그의 고모이다.

4 They are _____ books.
그것들은 너희의 책이다.

5 _____ hair is brown.
그것의 털은 갈색이다.

6 The doll is _____.
그 인형은 그녀의 것이다.

7 The house is _____.
그 집은 우리 것이다.

8 The balloon is _____.
그 풍선은 그의 것이다.

9 The cap is _____.
그 모자는 내 것이다.

10 The card is _____.
그 카드는 네 것이다.

11 The house is _____.
그 집은 잭(Jack)의 것이다.

12 The shoes are her _____.
그 신발은 그녀의 여동생 것이다.

13 His _____ guitar is new.
그의 남동생의 기타는 새것이다.

14 My _____ bag is black.
우리 어머니의 가방은 검정색이다.

15 The apples are _____.
그 사과들은 앤(Ann)의 것이다.

빈칸에 들어가야 할 말이 소유격인지 소유대명사인지 매의 눈으로 살펴볼까?

WORDS · hair 머리카락, 털   · brown 갈색의   · doll 인형   · balloon 풍선   · card 카드

Grammar Fly! ·

A 다음 문장의 밑줄 친 부분을 바르게 고쳐 빈칸에 쓰세요.

1 It is <u>me</u> chair. ➡ _____my_____
그것은 내 의자이다.

2 She is <u>yours</u> sister. ➡ _____
그녀는 네 여동생이다.

3 He is <u>she</u> friend. ➡ _____
그는 그녀의 친구이다.

4 It is <u>us</u> table. ➡ _____
그것은 우리 탁자이다.

5 They are <u>him</u> puppies. ➡ _____
그것들은 그의 강아지이다.

6 The cap is <u>your</u>. ➡ _____
그 모자는 네 것이다.

7 The books are <u>their</u>. ➡ _____
그 책들은 그들의 것이다.

8 The dishes are <u>our</u>. ➡ _____
그 접시들은 우리 것이다.

9 The horse is <u>her</u>. ➡ _____
그 말은 그녀의 것이다.

10 The pens are <u>me</u>. ➡ _____
그 펜들은 내 것이다.

11 She is <u>Jane</u> mother. ➡ _____
그녀는 제인의 어머니이다.

12 It is <u>Mr. Milton</u> house. ➡ _____
그것은 밀턴 씨의 집이다.

13 We are <u>Tom</u> friends. ➡ _____
우리는 톰의 친구들이다.

14 The pencil is <u>my brother</u>. ➡ _____
그 연필은 내 남동생의 것이다.

15 The shoes are <u>their father</u>. ➡ _____
그 신발은 그들의 아버지의 것이다.

> 밑줄 친 대명사나 명사가 문장에서 어떤 뜻으로 쓰였는지 체크 체크!!!

WORDS · chair 의자   · dish 접시   · horse 말   · house 집   · shoe 신발 (한 짝)

B 주어진 말을 사용하여 다음 문장을 완성하세요.

1   It is _____my_____ bag. (I)

2   It is _____ notebook. (you)

3   It is _____ chair. (him)

4   It is _____ car. (us)

5   She is _____ mother. (them)

6   The cup is _____. (your)

7   The guitar is _____. (her)

8   The car is _____. (our)

9   The house is _____. (their)

10   The bicycle is _____. (he)

11   An _____ nose is long. (elephant)

12   _____ eyes are blue. (Jane)

13   The ribbons are my _____. (sisters)

14   She is _____ mother. (Nick)

15   The books are _____. (children)

명사 앞에 올 수 있는 것은? 소유격! 소유대명사는 독립군이라 항상 혼자 다니거든.

| WORDS | ·bicycle 자전거 | ·nose 코 | ·long (길이가) 긴 | ·blue 파란, 파란색의 | ·ribbon 리본 |

REVIEW 05

[1-2] 다음 중 밑줄 친 부분이 잘못된 것을 고르세요.

1
❶ <u>She</u> is kind.

❷ They like <u>you</u>.

❸ <u>Their</u> are teachers.

❹ <u>Its</u> eyes are brown.

2
❶ It is <u>my</u> bag.

❷ It is <u>him</u> cap.

❸ We love <u>her</u>.

❹ It is <u>their</u> house.

[3-5] 다음 괄호 안에서 알맞은 말을 골라 동그라미 하세요.

3 It is (our / ours) car.

4 I know a girl. (She / Her) father is a doctor.

5 They are (boys' / boys's) pants.

[6-7] 다음 문장의 빈칸에 알맞은 말을 고르세요.

6 The men like _____.

❶ we ❷ our

❸ us ❹ my

7 The computer is _____.

❶ she ❷ her

❸ him ❹ hers

[8-10] 다음 중 잘못된 문장을 고르세요.

8
❶ My sister's name is Mina.

❷ They are girls's shoes.

❸ It is her chair.

❹ She is John's mother.

9 ❶ They are women' shirts.

❷ The book is Emily's.

❸ It is my brother's room.

❹ It is Jimmy's car.

10 ❶ The cap is his.

❷ The desk is her.

❸ The house is theirs.

❹ The jackets are mine.

[11-12] 다음 우리말 뜻과 같도록 괄호 안에서 알맞은 말을 고르세요.

11 그 여자아이들은 그를 좋아한다.

➡ The girls like (his / him).

12 그 책상은 줄리아의 것이다.

➡ The desk is (Julias / Julia's).

[13-15] 다음 우리말 뜻과 같도록 빈칸에 알맞은 말을 쓰세요.

13 그것의 털은 갈색이다.

➡ _____ hair is brown.

14 그 컴퓨터는 내 것이다.

➡ The computer is _____.

15 그 자전거는 그들의 것이다.

➡ The bicycle is _____.

정답 및 해설 21~22쪽

[16-18] 다음 밑줄 친 부분을 바르게 고쳐 문장을 다시 쓰세요.

16 The singer is <u>him</u> sister.
그 가수는 그의 누나이다.

➡ _____

17 The jeans are <u>Tommys</u>.
그 면바지는 토미의 것이다.

➡ _____

18 The pens are <u>your</u>.
그 펜들은 네 것이다.

➡ _____

[19-20] 다음 우리말 뜻과 같도록 주어진 말을 사용하여 문장을 완성하세요.

19 그녀는 우리 영어 선생님이시다.

➡ _____ is _____ English teacher. (she / we)

20 그것들은 아이들의 신발이다.

➡ _____ are _____ shoes. (children / they)

Check! Check!

맞은 개수	평가
18~20개	😄 참 잘했어요.
15~17개	🙂 잘했어요.
9~14개	😐 노력해 봐요.
0~8개	😞 다음에 잘할 거예요.

● 다음 만화를 보면서 **Unit 05**의 내용을 정리해 봐요.

항상 명사의 이름을 그대로 부를 수 없어요. 그래서 필요한 게 대명사죠.

사람마다 이름 대신 I, you, he, she, they 등으로 이야기할 수 있고.

주격뿐만 아니라 '~를' 하고 목적격을 말할 때는 me, you, him 등 따로 있어요!

으흐흐흐. 그리고 내 것, 네 것 말해 주는 소유격도 따로 있잖아요. My love! 크큭!

My love...

1 인칭대명사

주격	목적격	소유격	소유대명사	주격	목적격	소유격	소유대명사
I 나는	me 나를	my 나의	mine 나의 것	we 우리는	us 우리를	our 우리의	ours 우리의 것
you 너는	you 너를	your 너의	yours 너의 것	you 너희는	you 너희를	your 너희의	yours 너희의 것
he 그는	him 그를	his 그의	his 그의 것	they 그들은	them 그들을	their 그들의	theirs 그들의 것
she 그녀는	her 그녀를	her 그녀의	hers 그녀의 것				
it 그것은	it 그것을	its 그것의	×	they 그것들은	them 그것들을	their 그것들의	theirs 그것들의 것

2 명사의 소유격

소유격	• 명사가 단수형일 경우: 명사 뒤에 「-'s(아포스트로피+s)」를 붙인다. • 명사가 -s로 끝나는 복수형일 경우: 아포스트로피만 붙인다. • 명사가 복수형이어도 -s로 끝나지 않을 경우: 「-'s(아포스트로피+s)」를 붙인다.	·Tom ➡ Tom's bag ·boys ➡ boys' schools ·women ➡ women's skirts
독립소유격	명사의 반복을 피하기 위해 소유격 뒤의 명사를 생략한 형태	·The pencils are your **sister's**. ·The desk is **Tommy's**.

Unit 06 대명사 (2)

- 명사와 대명사의 일치에 대해 이해할 수 있어요.
- 지시대명사 this, that, these, those를 이해하고 활용할 수 있어요.

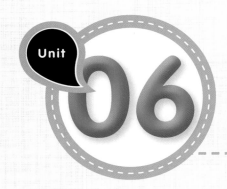

아니.
우리가 말한 그 멤버는
저~~~기 저 멤버야.

아,
저 멤버구나.

지금처럼 이것, 저것 구별하는
것도 중요해. 영어에서는 그걸
지시대명사로 구분해.

지금처럼 우리랑
가까운 걸 가리킬
때는 this,

아까 내가 가리킨 것
처럼 좀 멀리 떨어진 걸 말
할 때는 that을 써.

this, that. 이것들도
대명사구나.

this
➡ 가까운
것

that
➡ 먼 것

응. 명사 이름
대신 이것, 저것,
이렇게 대신하는
말이잖아.

지시하면서 말하는
거니까 지시대명사
인 거고.

입장을 시작
하겠습니다.

다다다

좋아,
가는 거야!

혁아!

지정석이라 뛸
필요 없는데?

대명사가 앞에 나온 명사를 대신할 때는 그 명사가 단수인지 복수인지, 문장에서
어떤 역할을 하는지에 따라 바꿔 써야 해. 그리고 사람이나 사물을 가리킬 때 쓰
는 지시대명사도 가까이 있을 때와 멀리 있을 때, 하나일 때와 여러 개일 때 모양
이 달라진다고 하니 함께 공부해 보자.

명사와 대명사의 일치

1 명사와 대명사의 일치 (1)

❶ Look at **the girl**. **She** is pretty.　　　　그 여자아이를 봐. 그녀는 예쁘다.

　 Look at **the girls**. **They** are tall.　　　그 여자아이들을 봐. 그들은 키가 크다.

❷ **Lisa** is pretty. I like **her**.　　　　　　리사는 예쁘다. 나는 그녀를 좋아한다.

　 I know **the boy**. **His** name is Nick.　　나는 그 남자아이를 안다. 그의 이름은 닉이다.

❶ 앞에 나온 명사를 대신하는 대명사는 그 명사가 단수일 때는 단수형, 그 명사가 복수일 때는 복수형을 써야 합니다.

❷ 명사를 대명사로 대신할 때, 문장에서 대명사의 역할이 주어이면 주격을, 목적어이면 목적격을, 소유를 나타내면 소유격을 써야 합니다.

명사		대명사	예문
사물	단수	it / its / it	I have **a pen**. **It** is very good. 나는 펜이 하나 있다. 그것은 아주 좋다.
	복수	they / their / them	They have **dolls**. **They** are pretty. 그들은 인형들을 가지고 있다. 그것들은 예쁘다.
사람	단수	he / his / him she / her / her	I know **a girl**. **She** is smart. 나는 한 여자아이를 안다. 그녀는 똑똑하다.
	복수	they / their / them	I have **two brothers**. **They** are nice. 나는 남동생이 두 명 있다. 그들은 착하다.

Grammar Walk!

정답 및 해설 22~23쪽

A 다음 명사를 대명사로 대신할 때 빈칸에 알맞은 말을 쓰세요.

명사		대명사		
		주격	소유격	목적격
사람	Mike	he	1 his	2
	my mother	3	her	4
	your friends	5	their	6
사물	the pen	it	7	8
	the pens	they	9	10
	his dog	11	its	it
	his dogs	they	12	13

B 다음 밑줄 친 부분을 대신할 수 있는 말을 골라 동그라미 하세요.

1 **The man** is handsome.　❶He　❷ She
그 남자는 잘생겼다.

2 I know **the girl**.　❶ she　❷ her
나는 그 여자아이를 안다.

3 I have **a computer**.　❶ it　❷ its
나는 컴퓨터를 한 대 가지고 있다.

4 I help **my neighbors**.　❶ their　❷ them
나는 내 이웃들을 도와준다.

5 I like **the candies**.　❶ their　❷ them
나는 그 사탕을 좋아한다.

명사를 대신할 대명사, 어떤 걸 써야 하지?

단수인지, 복수인지 먼저 살펴봐.

The man은 단수잖아.

The man은 남자? 여자?

The man은 남자, he구나!

문장에서 he의 역할도 따져 봐야지!

주어면 he, 목적어면 him!

WORDS · man (성인) 남자　· handsome 잘생긴　· neighbor 이웃 (사람)　· candy 사탕

대명사 (2) **135**

01 명사와 대명사의 일치

2 명사와 대명사의 일치 (2)

❶ **Jessica and I** are friends. = **We** are friends.
제시카와 나는 친구이다.　　　　　우리는 친구이다.

❷ **You and Johnny** are students. = **You** are students.
너와 조니는 학생이다.　　　　　너희는 학생이다.

❸ **He and Sumin** live in Seoul. = **They** live in Seoul.
그와 수민이는 서울에 산다.　　　　그들은 서울에 산다.

❹ **Nick and Betty** know me. = **They** know me.
닉과 베티는 나를 안다.　　　　그들은 나를 안다.

and는 '~와', '그리고'란 의미로 단어와 단어를 연결해 줘.

and로 연결된 말은 연결되어 있는 단어들과 문장에서의 역할에 따라 대신하는 대명사가 달라집니다.

❶ 명사 또는 대명사 and 1인칭 대명사: we/our/us로 대신합니다.
　Tim and I are classmates. = **We** are classmates.

❷ you and 명사 또는 3인칭 대명사: you/your/you로 대신합니다.
　You and Bobby are my friends. = **You** are my friends.

❸ 3인칭 대명사 and 명사: they/their/them으로 대신합니다.
　She and her family like dogs. = **They** like dogs.

❹ 명사 and 명사: they/their/them으로 대신합니다.
　Chris and his brother play soccer. = **They** play soccer.

I, we와 다른 명사나 대명사를 and로 연결할 때는 I, we를 and 뒤에 써.

Grammar Walk!

정답 및 해설 23쪽

A 다음 주어진 말을 대신할 수 있는 인칭대명사의 주격을 괄호 안에서 골라 동그라미 하세요.

1 Mina and I   (they / (we))

2 you and your brother   (we / you)

3 Mom and Dad   (they / you)

4 John and Julia   (he / they)

5 Jenny and I   (we / they)

6 she and her mother   (they / you)

7 you and Mike   (they / you)

8 Jimin and her friends   (she / they)

9 my father and I   (we / they)

10 he and his family   (he / they)

11 you and the woman   (you / they)

12 the girls and I   (they / we)

13 you and my sister   (you / they)

14 your brother and I   (you / we)

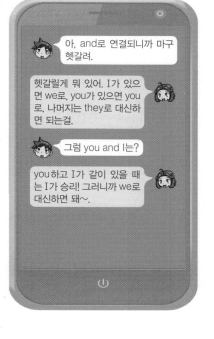

WORDS	·mom 엄마 · dad 아빠 · friend 친구 · family 가족 · woman (성인) 여자

Grammar Run! ....

A 다음 문장의 괄호 안에서 알맞은 말을 골라 동그라미 하세요.

1 I have **a sister**. (He / (She)) is eight years old.
나는 여동생이 한 명 있다. <u>그녀는</u> 여덟 살이다.

2 I eat **a sandwich** once a week. (It / They) is delicious.
나는 일주일에 한 번 샌드위치를 먹는다. <u>그것은</u> 맛있다.

3 I have **a doll**. (It / They) is pretty.
나는 인형 한 개를 가지고 있다. <u>그것은</u> 예쁘다.

4 They have **a son**. (It / He) is five years old.
그들은 아들이 한 명 있다. <u>그는</u> 다섯 살이다.

5 I play baseball with **my friends**. (He / They) are boys.
나는 내 친구들과 야구를 한다. <u>그들은</u> 남자아이들이다.

6 **My sister**'s name is Julie. (She / He) is cute.
내 여동생의 이름은 줄리이다. <u>그녀는</u> 귀엽다.

7 I have **three balls**. (It / They) are green.
나는 공 세 개를 가지고 있다. <u>그것들은</u> 초록색이다.

8 I have **two brothers**. (They / He) are kind.
나는 남자 형제가 두 명 있다. <u>그들은</u> 친절하다.

9 I know **a man**. (He / His) hair is brown.
나는 한 남자를 안다. <u>그의</u> 머리카락은 갈색이다.

10 Look at **the girl**. (She / Her) cap is pretty.
저 여자아이를 봐. <u>그녀의</u> 모자가 예쁘다.

11 I eat **bread** every day. I like (it / its).
나는 매일 빵을 먹는다. 나는 <u>그것을</u> 좋아한다.

12 We have **two dogs**. We love (they / them).
우리는 개 두 마리를 가지고 있다. 우리는 <u>그것들을</u> 대단히 좋아한다.

13 My teacher is **Mr. Brown**. (He / She) is American.
우리 선생님은 브라운 씨이다. <u>그는</u> 미국인이다.

14 I have **a magazine**. (It / Its) title is *The Kids*.
나는 잡지 한 권을 가지고 있다. <u>그것의</u> 제목은 『The Kids』이다.

15 Look at **the man**. I know (his / him).
그 남자를 봐. 나는 <u>그를</u> 안다.

대신하는 명사가 단수인지 복수인지 살펴볼 것!

사람이면서 단수이면 남자인지 여자인지도 살펴야 한다고 했지?

대명사가 문장에서 하는 역할에 따라 주격, 목적격, 소유격이 결정되니까 조심해!

| WORDS | · ~ year(s) old ~ 살 · with ~와 함께 · American 미국인, 미국인의 · magazine 잡지 · title 제목 |

138 Unit 06

B 다음 문장의 밑줄 친 부분을 대신할 수 있는 말을 골라 동그라미 하세요.

1   <u>Tom and I</u> are cousins.   ❶ He   ❷ We

2   <u>You and Susie</u> are sisters.   ❶ We   ❷ You

3   <u>She and Sam</u> are students.   ❶ They   ❷ We

4   <u>Dick and Jane</u> are pilots.   ❶ He   ❷ They

5   <u>My mom and I</u> play the piano.   ❶ We   ❷ She

6   <u>He and James</u> are tall.   ❶ You   ❷ They

7   <u>Tom and I</u> live in Seoul.   ❶ We   ❷ They

8   <u>You and Sam</u> are smart.   ❶ You   ❷ They

9   <u>She and Mia</u> have a cat.   ❶ You   ❷ They

10   <u>Jack and Kate</u> are friends.   ❶ You   ❷ They

11   <u>He and his son</u> like dogs.   ❶ They   ❷ We

12   <u>She and I</u> are teachers.   ❶ They   ❷ We

13   <u>Tom and Nick</u> love soccer.   ❶ He   ❷ They

14   <u>You and your sister</u> are nice.   ❶ You   ❷ They

15   <u>He and his brother</u> are students.   ❶ They   ❷ You

WORDS   ·cousin 사촌   ·pilot 비행기 조종사   ·live in ~에 살다   ·nice 좋은, 멋진

Grammar Jump!

A 다음 문장의 빈칸에 알맞은 말을 쓰세요.

1   I know **a girl**. _____Her_____ name is Sandara.
    나는 한 여자아이를 알고 있다. <u>그녀의</u> 이름은 산다라이다.

2   I have **a book**. _____ is new.
    나는 책을 한 권 가지고 있다. <u>그것은</u> 새것이다.

3   **My sister** is eight years old. _____ is a student.
    내 여동생은 여덟 살이다. <u>그녀는</u> 학생이다.

4   I have **a brother**. I like _____.
    나는 남동생이 한 명 있다. 나는 <u>그를</u> 좋아한다.

5   **My father** is a firefighter. _____ is forty years old.
    우리 아버지는 소방관이시다. <u>그는</u> 마흔 살이시다.

6   I like **hamburgers**. _____ are delicious.
    나는 햄버거를 좋아한다. <u>그것들은</u> 맛있다.

7   I drink **milk** every day. I like _____.
    나는 매일 우유를 마신다. 나는 <u>그것을</u> 좋아한다.

8   **Jack and Annie** live together. _____ house is beautiful.
    잭과 애니는 함께 산다. <u>그들의</u> 집은 아름답다.

9   My music teacher is **Ms. Kim**. I like _____.
    우리 음악 선생님은 김 선생님이시다. 나는 <u>그녀를</u> 좋아한다.

10 I love **my friends**. _____ are girls.
    나는 내 친구들을 무척 좋아한다. <u>그들은</u> 여자아이들이다.

11 I have **an uncle**. _____ name is Morgan.
    나는 삼촌이 한 분 계시다. <u>그의</u> 이름은 모건이다.

12 We have **a computer**. We use _____ every day.
    우리는 컴퓨터를 한 대 가지고 있다. 우리는 <u>그것을</u> 매일 사용한다.

13 They visit **Mr. Brown** every month. _____ is a writer.
    그들은 매달 브라운 씨를 찾아간다. <u>그는</u> 작가이다.

14 I read **comic books**. I like _____.
    나는 만화책을 읽는다. 나는 <u>그것들을</u> 좋아한다.

15 I have **a puppy**. _____ tail is short.
    나는 강아지를 한 마리 가지고 있다. <u>그것의</u> 꼬리는 짧다.

WORDS   · hamburger 햄버거   · beautiful 아름다운   · use 사용하다   · comic book 만화책   · tail 꼬리

B 다음 문장의 밑줄 친 부분을 대신할 수 있는 대명사를 쓰세요.

1   <u>Minsu and I</u> are friends.   ➡   _____We_____

2   <u>You and Jenny</u> are pretty.   ➡   _____

3   <u>She and her husband</u> like cats.   ➡   _____

4   <u>John and Emily</u> are students.   ➡   _____

5   <u>He and his family</u> live together.   ➡   _____

6   <u>Michael and I</u> are classmates.   ➡   _____

7   <u>Tom and his friends</u> play soccer.   ➡   _____

8   <u>You and your sister</u> are short.   ➡   _____

9   <u>Emily and her brother</u> are tall.   ➡   _____

10 <u>Chris and his brother</u> sing well.   ➡   _____

11 <u>Jennifer and I</u> go to school together.   ➡   _____

12 <u>My mother and I</u> like dogs.   ➡   _____

13 <u>She and her cousin</u> are ten years old.   ➡   _____

14 <u>Mr. Baker and his wife</u> are kind.   ➡   _____

15 <u>You and your brother</u> are smart.   ➡   _____

둘 이상의 명사와 대명사가 and로 연결되어 있을 때, 연결되어 있는 대상에 따라 일치하는 대명사가 달라져.

WORDS   ·husband 남편   ·play soccer 축구를 하다   ·sing 노래하다   ·go to school 학교에 다니다   ·together 함께, 같이

Grammar Fly! · · · · · · · · · · · · · · ·

A 다음 문장의 밑줄 친 부분을 바르게 고쳐 빈칸에 쓰세요.

1   I have a bag. <u>They</u> is big.   ➡   __It__

2   I have two bags. <u>They</u> color is black.   ➡   _____

3   I have a sister. <u>Her</u> is pretty.   ➡   _____

4   I play with my friends. <u>He</u> are nice.   ➡   _____

5   We have a table. <u>Its</u> is big.   ➡   _____

6   I have an uncle. <u>Him</u> name is Paul.   ➡   _____

7   I have shoes. <u>It</u> are new.   ➡   _____

8   Mr. Kim is a doctor. I visit <u>he</u> every week.   ➡   _____

9   I have a sister. <u>She</u> hair is brown.   ➡   _____

10 The book is funny. I know <u>its</u>.   ➡   _____

11 We eat sandwiches. <u>Them</u> are delicious.   ➡   _____

12 Sandy and I are girls. <u>You</u> are students. ➡   _____

13 You and your brother are tall. <u>We</u> are nice.   ➡   _____

14 She and Amy are classmates. I like <u>her</u>.   ➡   _____

15 John and Jenny live together. <u>We</u> are friends.   ➡   _____

WORDS   ·big 큰   ·color 색(깔), 빛깔   ·table 탁자   ·funny 우스운, 웃기는   ·delicious 아주 맛있는

142 Unit 06

B 다음 문장의 빈칸에 알맞은 대명사를 쓰세요.

1   I have a doll. _____It_____ is pretty.

2   We have two dogs. We love _____.

3   They have a niece. _____ name is Heidi.

4   Emily is kind. We like _____.

5   My math teacher is Mr. Kim. _____ is handsome.

6   Mr. Draft's nephew is two years old. _____ feet are small.

7   I have the book. _____ is interesting.

8   I know a girl. _____ eyes are blue.

9   We have two birds. We like _____.

10   Minho and I are brothers. _____ go to school together.

11   I like you and Jimmy. _____ are my friends.

12   She and Emily are classmates. _____ study together.

13   Dick and Jane play together. _____ are cousins.

14   I have a sister and a brother. _____ are nice.

15   Jun and I play soccer every Saturday. _____ like soccer.

빈칸에 들어갈 대명사가 대신하는 말을 먼저 찾아봐. 대명사가 정해지면 문장에서 대명사의 역할이 무엇인지 생각해 봐.

WORDS   ·niece 조카딸   ·nephew 조카(아들)   ·small (크기가) 작은   ·study 공부하다

지시대명사

1 지시대명사 this와 that

❶ **This** is my desk.   이것은 내 책상이다.

   This <u>desk</u> is mine.   이 책상은 내 것이다.

❷ **That** is her chair.   저것은 그녀의 의자이다.

   That <u>chair</u> is hers.   저 의자는 그녀의 것이다.

지시대명사는 이것(this), 저것(that)처럼 무언가를 가리키며 대신하는 대명사야.

❶ 지시대명사 this

가까이에 있는 사람이나 사물 하나(단수)를 가리키며, '이것/이 사람'이라고 해석합니다.

This is my brother.   이 아이는 내 남동생이다.

◎ this는 단수명사와 함께 '이 ~'의 의미로도 쓰입니다. 이때 **this**는 지시형용사입니다.

   This <u>table</u> is new.   이 탁자는 새것이다.

❷ 지시대명사 that

조금 떨어져 있는 사람이나 사물 하나 (단수)를 가리키며, '저것/저 사람'이라고 해석합니다.

That is my mother.   저분은 우리 어머니이시다.

◎ this와 마찬가지로 지시형용사로서 단수명사 앞에 쓰일 수 있으며, '저 ~'로 해석합니다.

   That <u>dog</u> is so cute.   저 개는 무척 귀엽다.

Grammar Walk!

정답 및 해설 24~25쪽

A 다음 문장에서 지시대명사 또는 지시형용사를 찾아 동그라미 하세요.

1 (This) is a penguin.

2 That is a horse.

3 This cat is quiet.

4 I like this girl.

5 I know that lady.

B 다음 문장의 밑줄 친 말이 지시대명사이면 P, 지시형용사이면 A를 빈칸에 쓰세요.

1 This is a notebook.   P

2 This book is interesting.   _____

3 That is my computer.   _____

4 That man is gentle.   _____

5 This is my grandfather.   _____

WORDS   ·penguin 펭귄   ·quiet 조용한   ·lady 숙녀   ·gentle 온화한, 순한   ·grandfather 할아버지

02 지시대명사

2 지시대명사 these와 those

① **These** are my books. 이것들은 내 책이다.

  These <u>books</u> are mine. 이 책들은 내 것이다.

② **Those** are his pens. 저것들은 그의 펜이다.

  Those <u>pens</u> are his. 저 펜들은 그의 것이다.

지시대명사 this의 복수형은 these이고, that의 복수형은 those야.

① 지시대명사 these

this의 복수형으로, 가까이에 있는 사람들이나 사물들(복수)을 가리켜 '이 사람들/이것들'이라고 해석합니다.

These are my sisters. 이 아이들은 내 여동생들이다.

💡 these는 복수명사와 함께 '이 ~들'의 의미로도 쓰입니다. 이때 these는 지시형용사입니다.

  These <u>boys</u> are fast. 이 남자아이들은 빠르다.

② 지시대명사 those

that의 복수형으로, 조금 떨어져 있는 사람들이나 사물들(복수)을 가리켜 '저 사람들/저것들'이라고 해석합니다.

Those are her children. 저 아이들은 그녀의 아이들이다.

💡 those 역시 복수명사와 함께 '저 ~들'의 의미로 쓰입니다. 이때 those는 지시형용사입니다.

  Those <u>boys</u> are lazy. 저 남자아이들은 게으르다.

지시하니까 편하다. 생각 안 날 때 가리키면서 'This!' 'That!'하면 되잖아.

상구

That! That! 고양이 귀엽다!

여러 개일 때는 지시대명사가 달라.

저렇게 떨어져 있는 게 여럿일 땐 those, 가깝게 있는 게 여럿일 땐 these야.

헐, 고양이인 줄 알았는데 개네.

멍..

Grammar Walk!

정답 및 해설 25쪽

A 다음 문장에서 지시대명사 또는 지시형용사를 찾아 동그라미 하세요.

1 (These) are my brothers.

2 Those are my hats.

3 These shoes are mine.

4 Those boys are lazy.

5 I want these toys.

헐, 지시대명사가 this와 that 말고 또 있어?

this와 that은 단수형이니까 당연히 복수형이 있지 않겠어?

I의 복수형인 we처럼?

응. this의 복수형은 these, that의 복수형은 those. 모양이 비슷하니까 기억하기 쉬울 거야.

응, 그러네. 헤헤.

B 다음 말을 복수형으로 바꾸어 빈칸에 쓰세요.

1 this ➡ ____these____

2 that ➡ _____

3 this girl ➡ _____ _____

4 that house ➡ _____ _____

5 that student ➡ _____ _____

WORDS · brother 오빠, 형, 남동생 · hat 모자 · lazy 게으른 · toy 장난감

Grammar Run! ....

A 다음 문장의 괄호 안에서 알맞은 말을 골라 동그라미 하세요.

1   ((This) / That) is my house.
이것은 우리 집이다.

2   (That / Those) is my bag.
저것은 내 가방이다.

3   (This / These) is our tree.
이것은 우리 나무이다.

가까이 있는 걸까?
멀리 있는 걸까?
하나일까?
여러 개일까?

4   (This / That) cat is small.
저 고양이는 작다.

5   (That / Those) are my books.
저것들은 내 책이다.

6   (This / These) are her dogs.
이것들은 그녀의 개이다.

7   I love (this / these) books.
나는 이 책들을 무척 좋아한다.

8   I like (this / these) color.
나는 이 색을 좋아한다.

9   (These / That) are his pictures.
이것들은 그의 그림이다.

10 (That / Those) is my pencil case.
저것은 내 필통이다.

11 They live in (this / that) city.
그들은 이 도시에 산다.

12 (These / Those) buildings are old.
저 건물들은 오래되었다.

13 I like (this / that) song.
나는 저 노래를 좋아한다.

14 (This / That) is beautiful.
이것은 아름답다.

15 (These / Those) are Merlin's shoes.
저것들은 멀린의 신발이다.

WORDS   ·picture 그림   ·city 도시   ·old 오래된, 낡은   ·song 노래

B 다음 문장의 빈칸에 알맞은 말을 골라 동그라미 하세요.

1 _____ is a dog.   ❶This   ❷ These

2 _____ is a rabbit.   ❶ That   ❷ Those

3 _____ are my books.   ❶ This   ❷ These

4 _____ are my friends.   ❶ That   ❷ Those

5 _____ is her cup.   ❶ This   ❷ These

6 I know _____ boy.   ❶ it   ❷ that

7 _____ are my aunts.   ❶ Those   ❷ That

8 _____ is Mark.   ❶ That   ❷ Those

9 They play with _____ girl.   ❶ that   ❷ she

10 I like _____ dishes.   ❶ this   ❷ these

11 I want _____ dolls.   ❶ that   ❷ those

12 _____ movie is funny.   ❶ This   ❷ It

13 _____ cats are gentle.   ❶ These   ❷ They

14 I play soccer with _____ boys.   ❶ that   ❷ those

15 Look at _____ photos.   ❶ this   ❷ these

WORDS · rabbit 토끼   · play with ~와 놀다   · dish 접시   · movie 영화   · photo 사진

Grammar Jump!

A 다음 문장의 빈칸에 this, that, these, those 중 알맞은 말을 골라 쓰세요.

1 _____This_____ is an animal.
이것은 동물이다.

2 _____ are my pencils.
이것들은 내 연필이다.

3 _____ notebook is mine.
저 공책은 내 것이다.

4 _____ is my brother.
이 아이는 내 남동생이다.

5 I like _____ singer.
나는 저 가수를 좋아한다.

6 They know _____ women.
그들은 이 여자들을 안다.

7 Look at _____ girls.
저 여자아이들을 봐.

8 _____ is your pen.
저것은 네 펜이다.

9 _____ are my caps.
저것들은 내 모자이다.

10 _____ are Mr. Taylor's students.
저 아이들은 테일러 씨의 학생이다.

11 I like _____ movie.
나는 이 영화를 좋아한다.

12 We know _____ boys.
우리는 저 남자아이들을 안다.

13 Listen to _____ song.
이 노래를 들어 봐.

14 _____ is their house.
저것은 그들의 집이다.

15 _____ are her clothes.
이것들은 그녀의 옷이다.

> 가까이 있는 것을 가리킬 땐 this, these. 멀리 있는 것을 가리킬 땐 that, those.

WORDS ·animal 동물   ·look at ~을 보다   ·listen to ~을 듣다   ·clothes 옷, 의복

B 다음 문장에서 밑줄 친 부분의 우리말 뜻을 빈칸에 쓰세요.

1 <u>This</u> is my sister. ➡ 이 사람 / 이 아이

2 <u>That</u> is my guitar. ➡ _____

3 <u>This book</u> is interesting. ➡ _____

4 <u>These</u> are my notebooks. ➡ _____

5 I live in <u>that house</u>. ➡ _____

6 <u>Those</u> are our dogs. ➡ _____

7 I like <u>this fruit</u>. ➡ _____

8 <u>This</u> is a bridge. ➡ _____

9 Look at <u>that mountain</u>. ➡ _____

10 <u>Those</u> are my watches. ➡ _____

11 <u>Those penguins</u> are short. ➡ _____

12 <u>That</u> is a park. ➡ _____

13 I know <u>those girls</u>. ➡ _____

14 <u>These</u> are Emily's bags. ➡ _____

15 I like <u>these pictures</u>. ➡ _____

WORDS · fruit 과일   · bridge 다리   · mountain 산   · short 키가 작은   · park 공원

Grammar Fly! ·

A 다음 문장의 밑줄 친 부분을 바르게 고쳐 빈칸에 쓰세요.

1 I like <u>those</u> song.
나는 저 노래가 좋다.
➡ _____that_____

2 <u>That</u> are your photos.
저것들은 네 사진이다.
➡ _____

3 <u>This</u> are my books.
이것들은 내 책이다.
➡ _____

4 <u>These</u> flower is pretty.
이 꽃은 예쁘다.
➡ _____

5 Listen to <u>that</u> music.
이 음악을 들어 봐.
➡ _____

6 <u>Those</u> is my sister.
이 아이는 내 여동생이다.
➡ _____

7 <u>That</u> baby rabbit is cute.
이 새끼 토끼는 귀엽다.
➡ _____

8 <u>These</u> are my friends.
저 아이들은 내 친구들이다.
➡ _____

9 <u>These</u> child is nice.
이 아이는 친절하다.
➡ _____

10 I like those <u>animal</u>.
나는 저 동물들을 좋아한다.
➡ _____

11 They know this <u>girls</u>.
그들은 이 여자아이를 안다.
➡ _____

12 <u>That</u> is Judy's doll.
이것은 주디의 인형이다.
➡ _____

13 <u>Those</u> is my cousin.
저 아이는 내 사촌이다.
➡ _____

14 Those <u>tree</u> are green.
저 나무들은 푸르다.
➡ _____

15 These <u>shoe</u> are mine.
이 신발은 내 것이다.
➡ _____

| WORDS | · music 음악 | · baby 아기, 새끼 | · rabbit 토끼 | · child 아이, 어린이 | · green 초록색의, 푸른 |

B 다음 문장의 빈칸에 알맞은 지시대명사나 지시형용사를 쓰세요.

1 ____This____ is a horse.
이것은 말이다.

2 _____ are my bags.
저것들은 내 가방이다.

3 _____ cookies are yummy.
이 쿠키들은 맛있다.

4 _____ shoes are my brother's.
저 신발은 우리 형의 것이다.

5 I like _____ actor.
나는 저 배우를 좋아한다.

6 We like _____ food.
우리는 이 음식을 좋아한다.

7 _____ is my father.
저분은 우리 아버지시다.

8 _____ is very funny.
이것은 무척 웃기다.

9 I know _____ students.
나는 저 학생들을 안다.

10 They live in _____ building.
그들은 저 건물에 산다.

11 _____ are his toys.
이것들은 그의 장난감이다.

12 _____ is a carrot.
저것은 당근이다.

13 _____ houses are great.
저 집들은 정말 좋다.

14 _____ girls are kind.
이 여자아이들은 친절하다.

15 _____ are my classmates.
저 아이들은 우리 반 친구들이다.

우리말을 잘 보고 this, that, these, those 중 고르면 되겠구나. 에헴~!

WORDS ·cookie 쿠키   ·yummy 맛있는   ·food 음식   ·great 정말 좋은

REVIEW ⤳ 06

[1-2] 다음 중 밑줄 친 부분이 잘못된 것을 고르세요.

1
① This is my cap. I like <u>it</u>.
② I have a sister. <u>Her</u> name is Hosu.
③ Paul is my friend. I like <u>him</u>.
④ My teacher is Mr. Brown. <u>Him</u> is from Canada.

2
① <u>This</u> is my room.
② <u>That</u> are my shoes.
③ <u>These</u> are my mother's flowers.
④ <u>Those</u> are my sister's books.

[3-5] 다음 밑줄 친 부분을 대명사로 바꿀 때 알맞은 것을 고르세요.

3
<u>Jennifer and I</u> go to school together.

① She   ② We
③ They   ④ You

4
<u>You and your sister are very smart.</u>

① They   ② He
③ We   ④ You

5
<u>Minho and his brother</u> are tall.

① He   ② They
③ You   ④ We

[6-7] 다음 문장의 빈칸에 알맞은 말을 고르세요.

6
I know a girl. _____ eyes are blue.

① She   ② His
③ Her   ④ Him

7
I like eggs. I eat _____ every day.

① they   ② its
③ their   ④ them

[8-10] 다음 우리말 뜻과 같도록 괄호 안에서 알맞은 말을 고르세요.

8 | 그들은 이 공원에서 야구를 한다. |

➡ They play baseball at (this / these) park.

9 | 이 아이는 내 친구다. 나는 그를 좋아한다. |

➡ This is my friend. I like (he / him).

10 | 저 책들은 우리 아버지의 것이다. |

➡ (These / Those) books are my father's.

[11-12] 다음 중 잘못된 문장을 고르세요.

11 ❶ This bed is mine.
❷ Those juice is delicious.
❸ That man is my teacher.
❹ I know that boy.

12 ❶ I like this music.
❷ Look at that dog.
❸ These bags are mine.
❹ That shoes are pretty.

[13-15] 다음 우리말 뜻과 같도록 this, that, these, those 중 알맞은 말을 골라 빈칸에 쓰세요.

13 | 나는 저 여자아이를 안다. |

➡ I know ＿＿＿＿＿＿＿ girl.

14 | 이 사진들을 봐. |

➡ Look at ＿＿＿＿＿＿＿ photos.

15 | 저 아이들은 피터네 반 아이들이다. |

➡ ＿＿＿＿＿＿＿ are Peter's classmates.

정답 및 해설 26~27쪽

16 다음 문장의 밑줄 친 부분을 대명사로 바꿔 문장을 다시 쓰세요.

Tim and I are friends.

➡ _____

[17-18] 다음 문장의 빈칸에 알맞은 말을 쓰세요.

17
I know the boy. _____
father is a doctor.

18
I play with Sarah every day.
I like _____.

[19-20] 다음 우리말 뜻과 같도록 괄호 안에 주어진 단어들을 사용하여 문장을 완성하세요.

19 나는 책이 한 권 있다. 그것은 재미있다.

➡ _____ have a book.
_____ is interesting.(it / I)

20 이 의자는 새것이다. 나는 그것이 무척 마음에 든다.

➡ _____ chair is new. I love
_____. (this / it)

Check! Check!

맞은 개수	평가
18~20개	😄 참 잘했어요.
15~17개	🙂 잘했어요.
9~14개	😐 노력해 봐요.
0~8개	😞 다음에 잘할 거예요.

● 다음 만화를 보면서 **Unit 06**의 내용을 정리해 봐요.

1 명사와 대명사 일치 (1) – 사물

단수	대명사	복수	대명사
a book		books	
my doll	it	my dolls	they
your car		your cars	

2 명사와 대명사 일치 (2) – 사람

단수	대명사	복수	대명사
David / Mr. Brown		John and I / you and I	
a boy	he	my father and I	we
my father / your brother		you and Nick	
Betty / Mrs. Brown		you and my son	you
a girl	she	Nick and Betty	
my mother / your sister		your brothers / his friends	they

3 지시대명사 / 지시형용사

구분		지시대명사	지시형용사
단수	this	이 사람 / 이것	이 ~ (+단수명사)
	that	저 사람 / 저것	저 ~ (+단수명사)
복수	these	이 사람들 / 이것들	이 ~들 (+복수명사)
	those	저 사람들 / 저것들	저 ~들 (+복수명사)

be동사의 현재 시제 (1)

- be동사의 현재 시제를 이해할 수 있어요.
- be동사 현재 시제의 긍정문과 부정문을 이해하고 활용할 수 있어요.

주어는 문장의 주인공. 동사는 주어의 움직임이나 상태를 나타내는 말이야. 그 중 주어의 상태를 나타내는 동사를 be동사라고 하는데, 주어에 따라 모양이 어떻게 달라지는지 살펴보자. 그리고 '~가 아니다', '~하지 않다'라는 뜻의 be동사 부정문도 함께 공부해 보자.

주어와 be동사

1 인칭대명사와 be동사

❶ <u>Paul</u> **is** a student.   폴은 학생이다.

<u>Dogs</u> **are** people's friends.   개는 사람들의 친구이다.

❷ **I am** a student. 나는 학생이다.   **We are** students. 우리는 학생이다.

You are a student. 너는 학생이다.   **You are** students. 너희는 학생이다.

He is a student. 그는 학생이다.   **They are** students. 그들은 학생이다.

be동사는 '~이다', '~(하)다', '~에 있다'는 의미로 주어에 따라 **am**, **are**, **is**로 형태가 바뀝니다.

❶ **명사 주어+be동사**: 주어가 단수명사이면 be동사는 **is**를, 복수명사이면 be동사는 **are**를 씁니다.

<u>This building</u> **is** tall.   이 건물은 높다.

<u>Tom and Judy</u> **are** smart.   톰과 주디는 영리하다.

❷ **주격 인칭대명사+be동사**: 주어가 I이면 **am**, 2인칭 또는 복수이면 **are**, 3인칭 단수이면 **is**를 씁니다.

수 인칭	단수		복수	
	주어	be동사	주어	be동사
1인칭	I	am	we	are
2인칭	you	are	you	are
3인칭	he / she / it	is	they	are

Grammar Walk!

정답 및 해설 27쪽

A 다음 문장에서 be동사를 찾아 동그라미 한 후, be동사의 알맞은 우리말 뜻에 체크표 하세요.

1 I (am) a student.   ☑ ~이다   ☐ ~에 있다   ☐ ~(하)다

2 Horses are fast.   ☐ ~이다   ☐ ~에 있다   ☐ ~(하)다

3 Mr. Baker is a math teacher.   ☐ ~이다   ☐ ~에 있다   ☐ ~(하)다

4 They are in Canada.   ☐ ~이다   ☐ ~에 있다   ☐ ~(하)다

5 It is a table.   ☐ ~이다   ☐ ~에 있다   ☐ ~(하)다

B 다음 주어에 알맞은 be동사를 선으로 연결하세요.

1 cats

2 I   am

3 you

4 she

5 they   is

6 he

7 it

8 my sister   are

9 we

쩝…, 동사가 뭐였더라?

주어의 상태나 동작을 나타내는 말이 동사야. 상태를 나타내는 대표적인 동사가 바로 be동사고.

be동사? be는 안 보이는데?

하하. be동사는 주어에 따라 형태가 바뀌거든. am, are, is로.

주어와 be동사

2 지시대명사와 be동사

❶ **This is** a car. 이것은 자동차이다.　　　**That is** a bus. 저것은 버스이다.

These are cars. 이것들은 자동차이다.　　**Those are** buses. 저것들은 버스이다.

❷ **I'm** a student. 나는 학생이다.　　　　**We're** students. 우리는 학생이다.

You're a student. 너는 학생이다.　　　**You're** students. 너희는 학생이다.

He's a student. 그는 학생이다.　　　　**They're** students. 그들은 학생이다.

It's a book. 그것은 책이다.　　　　　**They're** books. 그것들은 책이다.

❶ 지시대명사+be동사: 주어가 **this, that**일 때는 **is**를 쓰고, **these, those**일 때는 **are**를 씁니다.

단수		복수	
This is ~.	이것[이 사람]은 ~이다.	These are ~.	이것들[이 사람들]은 ~이다.
That is ~.	저것[저 사람]은 ~이다.	Those are ~.	저것들[저 사람들]은 ~이다.

❷ 「대명사+be동사」의 줄임말: 「대명사+be동사」는 아포스트로피(')를 사용하여 줄여 쓸 수 있습니다.

대명사+be동사	I am	you are	he is	she is	it is	we are	they are
줄임말	**I'm**	**you're**	**he's**	**she's**	**it's**	**we're**	**they're**

💡 지시대명사의 경우, **that is**는 **that's**로 줄여 쓸 수 있지만 **this, these, those**는 be동사와 줄여 쓸 수 없습니다.

Grammar Walk!

정답 및 해설 27쪽

A 다음 주어에 알맞은 be동사를 선으로 연결하세요.

1 this

2 these

3 that

4 those

5 they

6 this book

7 those flowers

8 these shoes

9 that bird

is

are

B 다음 주어와 be동사를 바르게 줄여 쓴 것을 골라 동그라미 하세요.

1 I am (I'am / (I'm))

2 you are (you're / you'are)

3 she is (she'is / she's)

4 he is (h'is / he's)

5 it is (it'is / it's)

6 we are (we're / w'ere)

7 they are (they'e / they're)

8 that is (that's / that'is)

Grammar Run! ....

A 다음 문장의 괄호 안에서 알맞은 말을 골라 동그라미 하세요.

1   I ((am) / is) a student.

2   This (are / is) a mobile phone.

3   You (am / are) a girl.

4   She (is / are) my sister.

5   It (are / is) my book.

6   That (am / is) a bird.

7   John (is / are) my friend.

8   We (is / are) classmates.

9   They (is / are) my uncles.

10   These (is / are) my shoes.

11   Korea (is / are) in Asia.

12   Cookies (is / are) delicious.

13   Those (is / are) yours.

14   Summer (is / are) hot.

15   John and Tom (is / are) friends.

주어가 I일 때랑 you일 때, 그리고 3인칭 단수일 때랑 복수일 때, be동사가 모두 다르구나.

| WORDS | ·mobile phone 휴대 전화 | ·in ~에 | ·Asia 아시아 (대륙) | ·summer 여름 | ·hot 더운 |

B 다음 문장의 빈칸에 알맞은 말을 골라 동그라미 하세요.

1 You _____ smart.   ❶ am   ②are

2 That _____ a chair.   ❶ is   ❷ are

3 I _____ from Busan.   ❶ is   ❷ am

4 James _____ a teacher.   ❶ is   ❷ are

5 She _____ a singer.   ❶ are   ❷ is

6 The dogs _____ brown.   ❶ are   ❷ is

7 We _____ on the playground.   ❶ am   ❷ are

8 These _____ flowers.   ❶ is   ❷ are

9 _____ from New York.   ❶ I'm   ❷ I'am

10 _____ my friend.   ❶ You'are   ❷ You're

11 _____ a math teacher.   ❶ Sh'is   ❷ She's

12 _____ my umbrella.   ❶ It's   ❷ T'is

13 _____ her house.   ❶ That'is   ❷ That's

14 _____ cousins.   ❶ We're   ❷ We'ar

15 _____ in the classroom.   ❶ They'are ❷ They're

WORDS   · be from ~ 출신이다   · playground 운동장, 놀이터   · New York 뉴욕   · classroom 교실

Grammar Jump!

A 다음 문장에서 밑줄 친 부분의 우리말 뜻을 빈칸에 쓰세요.

1 I <u>am</u> Korean. ➡ 나는 한국인 __이다__.

2 You <u>are</u> smart. ➡ 너는 똑똑_____.

3 She <u>is</u> in the room. ➡ 그녀는 방에 _____.

4 It <u>is</u> my watch. ➡ 그것은 내 손목시계_____.

5 This <u>is</u> a pine tree. ➡ 이것은 소나무_____.

6 He <u>is</u> a pianist. ➡ 그는 피아니스트_____.

7 That <u>is</u> a sofa. ➡ 저것은 소파_____.

8 We <u>are</u> in the restaurant. ➡ 우리는 식당에 _____.

9 These <u>are</u> my pencils. ➡ 이것들은 내 연필_____.

10 Those <u>are</u> his books. ➡ 저것들은 그의 책_____.

11 They <u>are</u> in the classroom. ➡ 그들은 교실에 _____.

12 Sumin <u>is</u> my friend. ➡ 수민이는 내 친구_____.

13 The house <u>is</u> theirs. ➡ 그 집은 그들의 것_____.

14 The boys <u>are</u> tall. ➡ 그 남자아이들은 키가 크_____.

15 Jojo and Mike <u>are</u> kind. ➡ 조조와 마이크는 친절_____.

> be동사의 세 가지 뜻이 뭐였더라? 맞아! '~이다', '~하다', '~에 있다'였지?

| WORDS | ·room 방 | ·pine tree 소나무 | ·pianist 피아니스트 | ·sofa 소파 | ·restaurant 식당 |

B 다음 문장의 빈칸에 알맞은 말을 쓰세요.

1 You ___are___ smart.
너는 똑똑하다.

2 Emily _____ kind.
에밀리는 친절하다.

3 They _____ friends.
그들은 친구이다.

4 He _____ my brother.
그는 내 남동생이다.

5 I _____ in my room.
나는 내 방에 있다.

6 This _____ a bottle.
이것은 병이다.

7 Those _____ dolls.
저것들은 인형이다.

8 ___I'm___ ten years old.
나는 열 살이다.

9 _____ cute.
너는 귀엽다.

10 _____ mine.
저것은 내 것이다.

11 _____ my cousin.
그녀는 내 사촌이다.

12 _____ a science teacher.
그는 과학 선생님이다.

13 _____ in the classroom.
우리는 교실에 있다.

14 _____ a picture.
그것은 그림이다.

15 _____ from China.
그들은 중국 출신이다.

> 아, 8번부터는 주어와 be동사의 줄임말을 쓰라는 거구나!

| WORDS | ·smart 똑똑한, 영리한 | ·bottle 병 | ·science 과학 | ·picture 그림 | ·China 중국 |

Grammar Fly! ··

A 다음 문장의 밑줄 친 부분을 바르게 고쳐 빈칸에 쓰세요.

1 I <u>are</u> a student. ➡ _____am_____

2 My father <u>are</u> a teacher. ➡ _____

3 They <u>is</u> in the kitchen. ➡ _____

4 These <u>is</u> balls. ➡ _____

5 Harry <u>are</u> very tall. ➡ _____

6 We <u>is</u> soccer players. ➡ _____

주어의 인칭과
수에 맞게 be동사를
썼는지 매의 눈으로
살펴봐!

7 This <u>are</u> my mother. ➡ _____

8 The cats <u>is</u> in the room. ➡ _____

9 <u>I'am</u> from the U.S. ➡ _____

10 <u>You'ar</u> a police officer. ➡ _____

아포스트로피가
있다고 다 맞는 건 아냐!
생략되는 철자가 먼지
생각 또 생각!

11 <u>She'is</u> my friend. ➡ _____

12 <u>This's</u> my chair. ➡ _____

13 <u>We'are</u> students. ➡ _____

14 <u>That're</u> my computer. ➡ _____

15 <u>They'ar</u> my sisters. ➡ _____

WORDS · kitchen 부엌 · ball 공 · player 선수 · the U.S. 미국(=the United States)

B 다음 문장의 빈칸에 알맞은 말을 쓰세요.

1   She _____is_____ my classmate.

2   Your brothers _____ nice.

3   The cat _____ black.

4   This _____ a magazine.

5   You _____ pretty.

6   I _____ his sister.

7   That _____ a bicycle.

8   We _____ baseball players.

9   My sister _____ eleven years old.

10 They _____ my friends.

11 It _____ a cup.

12 He _____ on the playground.

13 Jim and Jimmy _____ boys.

14 Those _____ her children.

15 These _____ her notebooks.

명사가 주어일 때? 주어가 단수인지 복수인지 따져 봐야지.

WORDS ·classmate 급우, 반 친구   ·black 검은, 검은색의   ·magazine 잡지   ·pretty 예쁜   ·bicycle 자전거

02 be동사의 부정문

1 be동사의 부정문 (1)

> ❶ **Mr. Parker** is not a teacher. 파커 씨는 선생님이 아니다.
>
> The rooms **are not** clean. 그 방들은 깨끗하지 않다.
>
> ❷ I **am not** short. 나는 키가 작지 않다.　　We **are not** short. 우리는 키가 작지 않다.
>
> You **are not** short. 너는 키가 작지 않다.　　You **are not** short. 너희는 키가 작지 않다.
>
> He **is not** short. 그는 키가 작지 않다.　　They **are not** short. 그들은 키가 작지 않다.

be동사 뒤에 **not**을 붙여 '~이 아니다', '~하지 않다', '~에 없다'는 뜻의 부정문을 만들 수 있습니다.

❶ 주어가 명사일 때 「be동사+not」: 주어가 단수명사이면 is not을, 복수명사이면 are not을 씁니다.

The boy **is not** tall. 그 남자아이는 키가 크지 않다.

The cats **are not** fat. 그 고양이들은 뚱뚱하지 않다.

Ann and Andy **are not** students. 앤과 앤디는 학생이 아니다.

❷ 인칭대명사가 주어일 때 「be동사+not」

인칭	주어	be동사+not	주어	be동사+not
1인칭	I	**am not**	we	
2인칭	you	**are not**	you	**are not**
3인칭	he / she / it	**is not**	they	

Grammar Walk!

정답 및 해설 29쪽

A 다음 문장에서 be동사의 부정형을 찾아 동그라미 하세요.

1 Andy (is not) a student.

2 I am not in the room.

3 He is not Korean.

4 The cats are not black.

5 We are not singers.

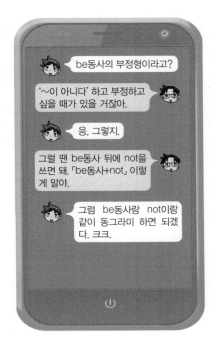

B 다음 문장을 부정문으로 만들 때 not이 들어갈 위치로 알맞은 곳에 동그라미 하세요.

1 I ❶ am ② a ❸ girl ❹.

2 You ❶ are ❷ a ❸ boy ❹.

3 She ❶ is ❷ ten ❸ years old ❹.

4 Mr. Brown ❶ is ❷ American ❸.

5 Mike and ❶ Jimmy ❷ are ❸ fast ❹.

WORDS · Korean 한국의, 한국인의   · ~ year(s) old (나이가) ~ 살인   · American 미국의, 미국인의   · fast 빠른, 빠르게

02 be동사의 부정문

2 be동사의 부정문 (2)

❶ This **is not** a picture.　　　이것은 그림이 아니다.

These **are not** pictures.　　이것들은 그림이 아니다.

That **is not** an airplane.　　저것은 비행기가 아니다.

Those **are not** airplanes.　저것들은 비행기가 아니다.

❷ We **aren't** teachers.　　　우리는 선생님이 아니다.

You **aren't** a teacher.　　당신은 선생님이 아니다.

She **isn't** a teacher.　　그녀는 선생님이 아니다.

❶ **지시대명사+be동사+not**: 「지시대명사(this, these, that, those)+be동사」 뒤에 not을 쓰면 '이것(들)은 ~이 아니다', '저것(들)은 ~이 아니다'라는 뜻의 부정문이 됩니다.

This **is not** my mobile phone.　이것은 내 휴대 전화가 아니다.

Those **are not** his shoes.　저것들은 그의 신발이 아니다.

❷ 「**be동사+not**」 **줄임말**: 「be동사+not」은 아포스트로피를 사용하여 줄여 쓸 수 있습니다.

be동사+not	줄임말	be동사+not	줄임말
is not	**isn't**	are not	**aren't**

◉ am과 not을 줄여 쓸 수 없습니다.

Grammar Walk!

정답 및 해설 29쪽

A 다음 문장을 부정문으로 만들 때 not이 들어갈 위치로 알맞은 곳에 동그라미 하세요.

1   This ❶ is ② a ❸ butterfly ❹.

2   That ❶ is ❷ a ❸ goose ❹.

3   These ❶ are ❷ vegetables ❸.

4   Those ❶ are ❷ birds ❸.

B 다음 괄호 안에서 be동사와 not을 바르게 줄여 쓴 것을 골라 동그라미 하세요.

1   You (ar'not / aren't) short.

2   It (isn'ot / isn't) a pencil.

3   We (aren't / aren'ot) teachers.

4   This (i'snt / isn't) a purse.

5   They (aren't / aren'ot) from China.

6   Those (arenot / aren't) animals.

주어와 be동사도 줄여 쓸 수 있다고 하지 않았어?

응. 부정문에서 be동사와 not 을 줄여 쓰기도 하지만 주어 와 be동사를 줄여 쓰고 그 뒤 에 not을 쓰기도 해..

You aren't pretty.도 되고 You're not pretty.도 된다 는 거지? 헤헤~.

그렇지!

| **WORDS** | ·butterfly 나비 | ·goose 거위 | ·short (키가) 작은 | ·purse 지갑 | ·animal 동물 |

Grammar Run! ....

A 다음 문장의 괄호 안에서 알맞은 말을 골라 동그라미 하세요.

1   Mina (not / (is not)) a student.

2   I (am not / not am) a teacher.

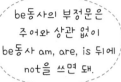

3   You (is not / are not) my friend.

4   She (are not / is not) tall.

5   It (is not / are not) my book.

6   The books (is not / are not) mine.

7   We (is not / are not) brothers.

8   This (is not / are not) my pen.

9   Jay and Mike (is not / are not) soccer players.

10 They (are not / is not) my relatives.

11 These (is not / are not) my jeans.

12 He (is not / are not) an actor.

13 That (is not / are not) my desk.

14 Ms. Brown (are not / is not) my English teacher.

15 Those (is not / are not) your gloves.

WORDS   · soccer player 축구 선수   · relative 친척   · jeans 면바지   · actor (남자) 배우   · glove 장갑 (한 짝)

B 다음 문장의 빈칸에 알맞은 말을 골라 동그라미 하세요.

1 You _____ a baby. ❶ isn't ②aren't

2 We _____ children. ❶ isn't ❷ aren't

3 This _____ an answer. ❶ isn't ❷ isn'ot

4 It _____ a notebook. ❶ isn't ❷ aren't

5 They _____ my brothers. ❶ aren'ot ❷ aren't

6 She _____ Chinese. ❶ aren't ❷ isn't

7 That _____ her bag. ❶ isn't ❷ aren'

8 These _____ his shoes. ❶ isn't ❷ aren't

9 He _____ my father. ❶ isn't ❷ aren't

10 Those _____ your pants. ❶ isn't ❷ aren't

11 Mr. Kim _____ my teacher. ❶ isn't ❷ aren't

12 The window _____ dirty. ❶ isn't ❷ aren't

13 You _____ lazy. ❶ isn't ❷ aren't

14 The girls _____ my friends. ❶ isn't ❷ aren't

15 The room _____ clean. ❶ isn't ❷ aren't

WORDS ·answer 대답, 답 ·Chinese 중국의, 중국인의 ·dirty 더러운 ·lazy 게으른 ·clean 깨끗한

Grammar Jump!

A 다음 문장에서 밑줄 친 부분의 우리말 뜻을 빈칸에 쓰세요.

1 I <u>am not</u> a boy. ➡ 나는 남자아이가 <u>아니다</u>.

2 You <u>are not</u> his sister. ➡ 너는 그의 여동생이 _____.

3 He <u>is not</u> short. ➡ 그는 키가 작지 _____.

4 It <u>is not</u> my umbrella. ➡ 그것은 내 우산이 _____.

5 She <u>is not</u> in the room. ➡ 그녀는 방에 있지 _____.

6 This <u>is not</u> her pen. ➡ 이것은 그녀의 펜이 _____.

7 That <u>is not</u> my bag. ➡ 저것은 내 가방이 _____.

8 Minho <u>isn't</u> my brother. ➡ 민호는 내 남동생이 _____.

9 We <u>aren't</u> her cousins. ➡ 우리는 그녀의 사촌이 _____.

10 The dog <u>isn't</u> big. ➡ 그 개는 몸집이 크지 _____.

11 These <u>aren't</u> his shoes. ➡ 이것들은 그의 신발이 _____.

12 They <u>aren't</u> in the park. ➡ 그들은 공원에 있지 _____.

13 Jane and I <u>aren't</u> tall. ➡ 제인과 나는 키가 크지 _____.

14 Lee <u>isn't</u> a firefighter. ➡ 리는 소방관이 _____.

15 Those <u>aren't</u> mine. ➡ 저것들은 내 것이 _____.

'~이다', '~하다', '~에 있다'의 부정은?

| WORDS | ·umbrella 우산 | ·cousin 사촌 | ·park 공원 | ·firefighter 소방관 |

B 다음 문장의 빈칸에 알맞은 말을 쓰세요.

1 I am _____not_____ a doctor.
나는 의사가 아니다.

2 You _____ not fat.
너는 뚱뚱하지 않다.

3 This is _____ a fruit.
이것은 과일이 아니다.

4 We _____ not students.
우리는 학생이 아니다.

5 Emily _____ not kind.
에밀리는 친절하지 않다.

6 They _____ not mine.
그것들은 내 것이 아니다.

7 It is _____ a photo.
그것은 사진이 아니다.

8 That _____ not a bed.
저것은 침대가 아니다.

9 They _____aren't_____ in the kitchen.
그들은 부엌에 있지 않다.

10 These _____ books.
이것들은 책이 아니다.

11 The room _____ clean.
그 방은 깨끗하지 않다.

12 Those _____ kangaroos.
저것들은 캥거루가 아니다.

13 The children _____ tall.
그 아이들은 키가 크지 않다.

14 He _____ a pilot.
그는 비행기 조종사가 아니다.

15 They _____ my classmates.
그들은 내 반 친구들이 아니다.

9번부터는 be동사와 not을 줄여 써 볼까?

WORDS ·fat 뚱뚱한, 살찐 ·fruit 과일 ·bed 침대 ·kitchen 부엌 ·kangaroo 캥거루

Grammar Fly! · · · · · · · · · · · · · · · · · ·

A 다음 문장의 밑줄 친 부분을 바르게 고쳐 빈칸에 쓰세요.

1 I <u>not am</u> a student. ➡ __am__ __not__

2 You <u>is not</u> my sister. ➡ _____ _____

3 Paul <u>are not</u> tall. ➡ _____ _____

4 It <u>not is</u> my room. ➡ _____ _____

5 This <u>are not</u> his house. ➡ _____ _____

6 We <u>is not</u> children. ➡ _____ _____

7 The door <u>are not</u> dirty. ➡ _____ _____

8 They <u>not are</u> my aunts. ➡ _____ _____

9 That <u>are not</u> my house. ➡ _____ _____

10 These <u>is not</u> your pants. ➡ _____ _____

11 She <u>aren't</u> my mother. ➡ _____

12 The girls <u>isn't</u> my friends. ➡ _____

13 He <u>aren't</u> hungry. ➡ _____

14 The shoes <u>isn't</u> dirty. ➡ _____

15 That <u>aren't</u> my book. ➡ _____

> not이 있어야 할 곳에 제대로 있는지 잘 살펴봐.

| WORDS | ·tall 키가 큰 · aunt 고모, 이모, 숙모 · pants 바지 · hungry 배고픈 |

B 다음 문장을 줄임말을 사용하여 부정문으로 바꿔 쓰세요.

1 You are ugly.   ➡ _You aren't ugly._

2 I am her sister.   ➡ _____

3 This is a vegetable.   ➡ _____

4 Jenny and Tom are singers.   ➡ _____

5 We are his students.   ➡ _____

6 These are her books.   ➡ _____

7 The iguanas are theirs.   ➡ _____

8 He is handsome.   ➡ _____

9 That is my chair.   ➡ _____

10 The house is ours.   ➡ _____

11 Those are her pens.   ➡ _____

12 The bears are big.   ➡ _____

13 They are my parents.   ➡ _____

14 She is kind.   ➡ _____

15 The pears are delicious.   ➡ _____

WORDS   · ugly 못생긴   · iguana 이구아나   · parents 부모님   · kind 친절한   · pear 배

REVIEW ⁓ 07

[1-2] 다음 중 밑줄 친 부분이 <u>잘못된</u> 쓰인 문장을 고르세요.

1 ❶ I <u>am</u> Korean.

   ❷ You <u>are</u> kind.

   ❸ She <u>is</u> from Canada.

   ❹ My English teacher <u>are</u> Ms. Baker.

2 ❶ He <u>is</u> my uncle.

   ❷ These <u>are</u> my pants.

   ❸ That <u>are</u> our school.

   ❹ The flowers <u>are</u> beautiful.

[3-5] 다음 문장의 밑줄 친 부분을 바르게 줄여 쓴 것을 고르세요.

3 <u>I am</u> from the U.S.

   ❶ I'am   ❷ I'm

   ❸ Ia'm   ❹ I'ma

4 <u>They are</u> my classmates.

   ❶ They'are   ❷ The'are

   ❸ They're   ❹ They'r

5 <u>That is</u> my mobile phone.

   ❶ That'is   ❷ That's

   ❸ Thati's   ❹ That're

[6-7] 다음 중 <u>잘못된</u> 문장을 고르세요.

6 ❶ This is not a toy.

   ❷ Johnny is not American.

   ❸ They not are students.

   ❹ We are not his friends.

7 ❶ They aren't friends.

   ❷ My father isn't a police officer.

   ❸ It isn't your book.

   ❹ These isn't mine.

[8-10] 다음 문장의 빈칸에 알맞은 말을 고르세요.

8

You _____ his friend.
너는 그의 친구가 아니다.

❶ is   ❷ isn't
❸ are   ❹ aren't

9

This _____ an animal.
이것은 동물이 아니다.

❶ is   ❷ isn't
❸ are   ❹ aren't

10

The children _____ in the room.
그 아이들은 방에 있지 않다.

❶ is   ❷ isn't
❸ are   ❹ aren't

[11-12] 다음 문장의 빈칸에 공통으로 알맞은 말을 고르세요.

11

It _____ a cat.
My cat _____ quiet.

❶ am   ❷ are
❸ is   ❹ aren't

12

We _____ his friends.
Jane and I _____ sisters.

❶ am   ❷ are
❸ is   ❹ isn't

[13-15] 다음 우리말 뜻과 같도록 빈칸에 알맞은 말을 쓰세요.

13

그들의 형은 가수이다.

➡ Their brother _____ a singer.

14

그의 아이들은 키가 크다.

➡ His children _____ tall.

REVIEW 07

15 그 남자아이들은 내 친구이다.

➡ The boys _____ my friends.

[16-18] 다음 문장의 밑줄 친 부분을 줄여서 문장을 다시 쓰세요.

16 <u>I am</u> from Korea.

➡ _____

17 This <u>is not</u> your book.

➡ _____

18 <u>They are</u> not my brothers.

➡ _____

[19-20] 다음 우리말 뜻과 같도록 빈칸에 알맞은 말을 쓰세요.

19 그 여자아이는 우리 반 친구가 아니다.

➡ The girl _____ my classmate.

20 이 신발은 우리 엄마의 것이 아니다.

➡ These shoes _____ my mom's.

Check! Check!

맞은 개수	평가
18~20개	😄 참 잘했어요.
15~17개	🙂 잘했어요.
9~14개	😐 노력해 봐요.
0~8개	😟 다음에 잘할 거예요.

WRAP UP

● 다음 만화를 보면서 Unit 07의 내용을 정리해 봅시다.

1 be동사의 의미: ∼이다, ∼(하)다, ∼에 있다

I **am** a student.   I **am** kind.   I **am** in the room.

2 주어와 be동사의 현재 시제

단수			복수		
주어+be동사		줄임말	주어+be동사		줄임말
단수명사	is	–	복수명사	are	–
I	am	I'm	we	are	we're
you	are	you're	you	are	you're
he / she / it	is	he's / she's / it's	they	are	they're
this	is	✕	these	are	✕
that	is	that's	those	are	✕

3 대명사와 be동사 현재 시제의 부정

단수			복수		
주어	be동사+not	줄임말	주어	be동사+not	줄임말
단수명사	is not	isn't	복수명사	are not	aren't
I	am not	✕	we	are not	aren't
he / she / it	is not	isn't	you	are not	aren't
this	is not	isn't	they	are not	aren't
that	is not	isn't	these/those	are not	aren't

be동사의 현재 시제 (2)

- be동사 현재 시제의 의문문을 이해하고 활용할 수 있어요.
- be동사 현재 시제의 의문문에 대답하는 법을 이해하고 활용할 수 있어요.

'~이다', '~ 아니다' 말고 '~이니?' 하고 물어보는 문장은 영어로 어떻게 만들까? 그리고 '~이니?' 하는 질문에는 어떻게 대답하면 좋을까? 주어에 따라 모양이 달라지는 be동사 am, are, is로 어떻게 묻고 대답하는지 공부해 보자.

be동사의 의문문 (1)

1 be동사의 의문문 – 주어가 인칭대명사일 때

❶ **Is he** tall?   그는 키가 크니?   Yes, **he is.** / No, **he isn't.**

❷ **Are they** tall?   그들은 키가 크니?   Yes, **they are.** / No, **they aren't.**

❸ **Am I** tall?   내가 키가 크니?   Yes, **you are.** / No, **you aren't.**

   Are you tall?   너는 키가 크니?   Yes, **I am.** / No, **I'm not.**

❶ **be동사＋주어 ～?:** '～이니?', '～하니?', '～에 있니?' 하고 주어의 상태를 물어볼 때는 주어와 be동사의 위치를 바꾸어 「be동사＋주어 ～?」의 형태로 씁니다.

She is American. 그녀는 미국인이다. ➡ **Is she American?** 그녀는 미국인이니?

❷ **be동사 의문문에 답하기:** 대답이 긍정일 때는 「Yes, 주어(대명사)＋be동사.」, 부정일 때는 「No, 주어(대명사)＋be동사＋not.」으로 대답합니다.

Is she pretty? 그녀는 예쁘니?   Yes, **she is.** 응, 그래.

Is he a student? 그는 학생이니?   No, **he isn't.** 아니, 그렇지 않아.

❸ be동사 의문문의 주어가 1인칭 또는 2인칭일 때는 대답할 때 주어가 바뀌므로 주의해야 합니다.

의문문	긍정의 대답	부정의 대답
Am I ~? 내가 ~하니?	Yes, **you** are.	No, **you** aren't.
Are we ~? 우리가 ~하니?	Yes, **you** are. / Yes, **we** are.	No, **you** aren't. / No, **we** aren't.
Are you ~? 너는 ~하니?	Yes, **I** am.	No, **I'm** not.
Are you ~? 너희는 ~하니?	Yes, **we** are.	No, **we** aren't.

Grammar Walk!

정답 및 해설 31~32쪽

A 다음 문장에서 주어를 찾아 동그라미 하고, be동사를 찾아 밑줄을 치세요.

1 <u>Are</u> (you) at home?

2 Is she a nurse?

3 Are we her guests?

4 Is it your diary?

5 Are they your brothers?

6 Am I pretty?

B 다음 의문문에 알맞은 대답을 찾아 선으로 연결하세요.

1 Are we cute? •   • **a.** Yes, it is.

2 Are you cute? •   • **b.** Yes, you are.

3 Is he cute? •   • **c.** Yes, they are.

4 Are they cute? •   • **d.** Yes, I am.

5 Is it cute? •   • **e.** Yes, he is.

6 Is she cute? •   • **f.** Yes, she is.

왜 I, we, you로 물어보면 대답할 때 대명사가 바뀌는 거지?

혁이 너 잘생겼니?

나야 잘생겼지.

내가 '너'라고 물었는데 넌 '나'라고 대답했잖아.

아하! '나'는 '너'고 '너'는 '나'고, '우리'는 '너희'고 '너희'는 '우리'고!

응. I, we, you로 물으면 질문에 대답하는 사람 입장에서 알맞은 대명사를 선택해서 대답하면 돼.

| WORDS | ·at home 집에 ·nurse 간호사 ·guest 손님 ·diary 일기 ·cute 귀여운 |

01 be동사의 의문문 (1)

2 be동사의 의문문 – 주어가 지시대명사일 때

❶ Is this your bag?
이것은 네 가방이니?

Yes, **it** is. / No, **it** isn't.
응, 그래.   아니, 그렇지 않아.

❷ Are these his balls?
이것들은 그의 공이니?

Yes, **they** are. / No, **they** aren't.
응, 그래.   아니, 그렇지 않아.

❶ be동사＋지시대명사 ～?: '이것(들)은 ～이니[하니]?', '저것(들)은 ～이니[하니]?' 하고 물어볼 때는 「be동사＋지시대명사 ～?」로 씁니다.

This is her book. 이것은 그녀의 책이다. ➡ **Is this** her book? 이것은 그녀의 책이니?

Those are buses. 저것들은 버스이다. ➡ **Are those** buses? 저것들은 버스니?

❷ 의문문의 주어가 지시대명사일 때 대답하기

주어가 단수인 **this**(이것)나 **that**(저것)인 의문문에 대답할 때는 **it**으로, 주어가 복수인 **these**(이것들)나 **those**(저것들)인 의문문에 대답할 때는 **they**로 합니다.

Is this a car? 이것은 자동차니?   **Yes, it** is. 응, 그래.

Is that a plant? 저것은 식물이니?   **No, it** isn't. 아니, 그렇지 않아.

Are these vegetables? 이것들은 채소니?   **Yes, they** are. 응, 그래.

Are those animals? 저것들은 동물이니?   **No, they** aren't. 아니, 그렇지 않아.

의문문	긍정의 대답	부정의 대답
Is **this**/**that** ~? 이것/저것은 ~이니?	Yes, **it** is.	No, **it** isn't.
Are **these**/**those** ~? 이것들/저것들은 ~이니?	Yes, **they** are.	No, **they** aren't.

Grammar Walk!

정답 및 해설 32쪽

A 다음 문장에서 주어를 찾아 동그라미 하고, be동사를 찾아 밑줄을 치세요.

1 Is (this) your desk?

2 Is that a horse?

3 Are these your books?

4 Are those vegetables?

5 Are these her pictures?

6 Is this my sandwich?

B 다음 의문문에 알맞은 대답을 찾아 선으로 연결하세요.

1 Is this beautiful?

2 Are those roses?

        a. Yes, it is.

3 Is that your bag?

4 Is this your pencil?

        b. Yes, they are.

5 Are these your shoes?

6 Are those their backpacks?

WORDS · horse 말 · vegetable 채소 · picture 그림 · beautiful 아름다운 · backpack 배낭

Grammar Run! ....

A 다음 문장의 괄호 안에서 알맞은 말을 골라 동그라미 하세요.

의문문에서는 앞에 나오는 be동사와 주어의 관계를 잘 살펴야 해.

1   (Is I / (Am I)) handsome?

2   (Am you / Are you) a student?

3   (Is she / Are she) a teacher?

4   (Are this / Is this) my dress?

5   (Am we / Are we) tall?

6   (Are these / Is these) your boots?

7   (Are he / Is he) Rick's cousin?

8   (Is these / Is that) her watch?

9   (Are those / Are that) her gloves?

10   (Is they / Are they) his parents?

11   (Are you / Am you) June's friends?

12   (Is those / Is it) her phone?

13   (Is she / Are these) their music teacher?

14   (Are we / Are it) late?

15   (Is those / Are you) tired?

WORDS · dress 드레스, 원피스 · boot 목이 긴 신발, 부츠 · parents 부모님 · late 늦은 · tired 피곤한, 지친

B 다음 의문문에 알맞은 대답을 골라 동그라미 하세요.

1 Are you a student? ❶ Yes, you are. ❷ Yes, I am.

2 Is she shy? ❶ Yes, she is. ❷ No, she is.

3 Am I late? ❶ Yes, I am. ❷ Yes, you are.

4 Is it your bed? ❶ No, isn't it. ❷ No, it isn't.

5 Is he her uncle? ❶ Yes, he is. ❷ Yes, she is.

6 Are we short? ❶ No, you aren't. ❷ No, we are.

7 Are we handsome? ❶ Yes, they are. ❷ Yes, you are.

8 Are they his parents? ❶ Yes, they aren't. ❷ Yes, they are.

9 Is that her diary? ❶ No, it isn't. ❷ No, she isn't.

10 Are these your socks? ❶ Yes, it is. ❷ Yes, they are.

11 Are you classmates? ❶ Yes, we are. ❷ No, you aren't.

12 Are you sick? ❶ No, you aren't. ❷ No, I'm not.

13 Are they their dogs? ❶ Yes, they aren't. ❷ No, they aren't.

14 Are those your books? ❶ Yes, they are. ❷ No, they are.

15 Is this your juice? ❶ Yes, it is. ❷ Yes, I am.

WORDS ·shy 수줍어하는   ·uncle 삼촌, 외삼촌, 아저씨   ·short (키가) 작은   ·sock 양말 (한 짝)   ·sick 아픈

Grammar Jump!

A 다음 문장의 우리말 뜻을 완성하세요.

1 Are you a student? ➡ 너는 ___학생이니___?

2 Is she his grandmother? ➡ 그녀는 그의 _____?

3 Am I short? ➡ 내가 키가 _____?

4 Is this his desk? ➡ 이것이 그의 _____?

5 Is it hot? ➡ 그것은 _____?

6 Are you at school? ➡ 너는 학교에 _____?

7 Is he your math teacher? ➡ 그가 네 수학 _____?

8 Are they her relatives? ➡ 그들이 그녀의 _____?

9 Is that your cousin? ➡ 저 사람이 네 _____?

10 Are these yours? ➡ 이것들은 _____?

11 Is she a cook? ➡ 그녀는 _____?

12 Are you a police officer? ➡ 당신은 _____?

13 Is this his ball? ➡ 이것은 그의 _____?

14 Are they busy? ➡ 그들은 _____?

15 Are those apples? ➡ 저것들은 _____?

> be동사 의문문은 '~이니?', '~하니?', '~에 있니?'의 뜻이야.

WORDS · grandmother 할머니　　· hot 뜨거운, 더운　　· at ~에　　· relative 친척　　· cook 요리사

192 Unit 08

B 다음 문장의 빈칸에 알맞은 be동사와 대명사를 쓰세요.

1 ___Am___ ___I___ tall?
내가 키가 크니?

2 _____ _____ a student?
너는 학생이니?

3 _____ _____ your address?
이것이 네 주소니?

4 _____ _____ a doctor?
그녀는 의사니?

5 _____ _____ your bicycle?
저것은 네 자전거니?

6 _____ _____ his grandfather?
그가 그의 할아버지시니?

7 _____ _____ classmates?
너희는 반 친구니?

8 _____ _____ ready?
그들은 다 준비됐니?

9 _____ _____ your clothes?
이것들은 네 옷이니?

10 _____ _____ sisters?
너희는 자매니?

11 _____ _____ cool?
저것들은 시원하니?

12 _____ _____ funny?
그것은 재미있니?

13 _____ _____ soccer players?
그들은 축구 선수니?

14 _____ _____ your wallet?
이것은 네 지갑이니?

15 _____ _____ a writer?
그는 작가니?

> 우리말 뜻에 맞게 be동사와 주어를 생각해 보면 되겠다.

| WORDS | ·address 주소 | ·grandfather 할아버지 | ·ready 준비가 (다) 된 | ·cool 시원한 | ·wallet 지갑 |

Grammar Fly! ·

A 다음 문장을 의문문으로 바꿔 빈칸에 쓰세요.

1   I am pretty.   ➡   Am I pretty?

2   You are a teacher.   ➡   _____

3   She is your sister.   ➡   _____

4   It is his map.   ➡   _____

5   This is your glove.   ➡   _____

6   We are friends.   ➡   _____

7   That is her scarf.   ➡   _____

8   They are her children.   ➡   _____

9   He is kind.   ➡   _____

10   You are sick.   ➡   _____

11   This is new.   ➡   _____

12   It is your bag.   ➡   _____

13   They are her puppies.   ➡   _____

14   These are our cookies.   ➡   _____

15   Those are heavy.   ➡   _____

| WORDS | ·map 지도 | ·scarf 스카프, 목도리 | ·new 새, 새로운 | ·puppy 강아지 | ·heavy 무거운 |

B 다음 빈칸에 알맞은 말을 써서 대화를 완성하세요.

1 **A:** Am I your friend?　　　　**B:** Yes, ___you___ ___are___.

2 **A:** Is this my ball?　　　　**B:** Yes, _____ _____.

3 **A:** Are you a student?　　　　**B:** Yes, _____ _____.

4 **A:** Is she a singer?　　　　**B:** No, _____ _____.

5 **A:** Is it her address?　　　　**B:** No, _____ _____.

6 **A:** Are they painters?　　　　**B:** Yes, _____ _____.

7 **A:** Are these your socks?　　　　**B:** Yes, _____ _____.

8 **A:** Is that your umbrella?　　　　**B:** No, _____ _____.

9 **A:** Are you her students?　　　　**B:** Yes, _____ _____.

10 **A:** Is he in the classroom?　　　　**B:** Yes, _____ _____.

11 **A:** Are those your gloves?　　　　**B:** No, _____ _____.

12 **A:** Are you nurses?　　　　**B:** No, _____ _____.

13 **A:** Is this salt?　　　　**B:** No, _____ _____.

14 **A:** Is she sad?　　　　**B:** Yes, _____ _____.

15 **A:** Are these your books?　　　　**B:** No, _____ _____.

yes나 no 뒤의 대명사는 의문문의 주어에 따라 달라져.

WORDS　·singer 가수　·address 주소　·painter 화가　·salt 소금　·sad 슬픈

be동사의 의문문 (2)

1 be동사의 의문문 – 주어가 명사일 때

❶ **Is James** American?
제임스는 미국인이니?

Yes, **he** is. / No, **he** isn't.
응, 그래.　　　아니, 그렇지 않아.

❷ **Is this book** yours?
이 책은 네 것이니?

Yes, **it** is. / No, **it** isn't.
응, 그래.　　　아니, 그렇지 않아.

❸ **Are the girls** your friends?
그 여자아이들이 네 친구니?

Yes, **they** are. / No, **they** aren't.
응, 그래.　　　　아니, 그렇지 않아.

❶ be동사+명사 ~?: '~은[는]/이[가] ~이니/하니/있니?'라고 물어볼 때 주어가 단수명사이면 「Is+단수명사 ~?」로 물어보고, 주어가 복수명사이면 「Are+복수명사 ~?」로 물어봅니다.

Is your sister pretty? 네 여동생은 예쁘니?　　**Are those books** yours? 저 책들은 네 것이니?

❷ 의문문의 주어가 명사일 때 대답하기: 의문문의 주어가 단수명사이면 he/she/it으로 대답하고, 주어가 복수명사이면 they로 대답합니다.

Is the building tall? 그 건물은 높니?　　Yes, **it** is. 응, 그래.

Are the rabbits fast? 그 토끼들은 빠르니?　　No, **they** aren't. 아니, 그렇지 않아.

의문문	긍정의 대답	부정의 대답
Is + 단수명사 ~?	Yes, **he/she/it** is.	No, **he/she/it** isn't.
Are + 복수명사 ~?	Yes, **they** are.	No, **they** aren't.

Grammar Walk!

정답 및 해설 34쪽

A 다음 문장에서 주어를 찾아 동그라미 하고, be동사를 찾아 밑줄을 치세요.

1 <u>Is</u> (John) from the U.S.?

2 Are the boys your friends?

3 Is the woman your teacher?

4 Are the bags Emily's?

5 Are those balloons colorful?

6 Is your cat sick?

왜 자꾸 귀찮게 주어랑 동사를 찾으래?

주어와 동사는 문장의 기본이니까.

알았어. 그럼 여기선 주어를 어떻게 찾아?

be동사의 의문문이네. 그러니까 be동사 뒤에 나오는 말이 주어.

주어가 be동사 앞에 오는 평서문이랑은 다르구나.

B 다음 의문문에 알맞은 대답을 괄호 안에서 골라 동그라미 하세요.

1 **A:** Is that bag heavy?   **B:** Yes, ((it) / she) is.

2 **A:** Are the girls pretty?   **B:** Yes, (they / these) are.

3 **A:** Is the wallet yellow?   **B:** Yes, (he / it) is.

4 **A:** Are your sisters tall?   **B:** Yes, (it / they) are.

5 **A:** Is Jane sick?   **B:** Yes, (she / it) is.

6 **A:** Is your father a firefighter?   **B:** Yes, (he / she) is.

WORDS　·be from ~ 출신이다　　·balloon 풍선　　·colorful 색채가 풍부한, 화려한　　·yellow 노란, 노란색의

02 be동사의 의문문 (2)

2 be동사의 의문문 – 주어가 and로 연결된 복수 형태일 때

❶ Are John and I tall?
존과 나는 키가 크니?

Yes, **you** are. / No, **you** aren't.
응, 그래.　　　　아니, 그렇지 않아.

❷ Are you and Jessica friends?
너와 제시카는 친구니?

Yes, **we** are. / No, **we** aren't.
응, 그래.　　　　아니, 그렇지 않아.

❸ Are Jim and Jane 11 years old?
짐과 제인은 열한 살이니?

Yes, **they** are. / No, **they** aren't.
응, 그래.　　　　아니, 그렇지 않아.

❶ Are+명사[대명사] and I ~?: 의문문의 주어가 「~ and I」이면 you로 대답합니다.
긍정일 때는 「Yes, you are.」로, 부정일 때는 「No, you aren't.」로 대답합니다.

Are Robin and I late?
로빈과 내가 늦었니?

Yes, **you** are. / No, **you** aren't.
응, 그래.　　　　아니, 그렇지 않아.

❷ Are+you and 명사[대명사] ~?: 의문문의 주어가 「you and ~」이면 we로 대답합니다.
긍정일 때는 「Yes, we are.」로, 부정일 때는 「No, we aren't.」로 대답합니다.

Are you and Harry busy?
너와 해리는 바쁘니?

Yes, **we** are. / No, **we** aren't.
응, 그래.　　　　아니, 그렇지 않아.

❸ Are+명사[대명사] and 명사[대명사] ~?: 의문문의 주어로 I와 you를 제외한 나머지
명사나 대명사가 and로 연결되어 있으면 they로 대답합니다. 긍정일 때는 「Yes, they are.」로,
부정일 때는 「No, they aren't.」로 대답합니다.

Are George and Fred friends?
조지와 프레드는 친구니?

Yes, **they** are. / No, **they** aren't.
응, 그래.　　　　아니, 그렇지 않아.

Grammar Walk!

정답 및 해설 34쪽

A 다음 문장에서 주어를 찾아 동그라미 하고, be동사를 찾아 밑줄을 치세요.

1 <u>Are</u> (Tom and I) diligent?

2 Are you and Julia from Canada?

3 Are Mina and Sumin your classmates?

4 Are you and Jimmy ten years old?

5 Are John and his brother at home?

6 Are he and Jenny busy?

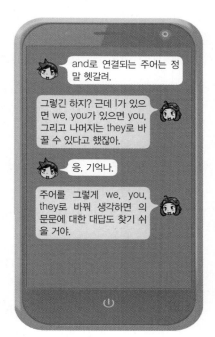

> and로 연결되는 주어는 정말 헷갈려.

> 그렇긴 하지? 근데 I가 있으면 we, you가 있으면 you, 그리고 나머지는 they로 바꿀 수 있다고 했잖아.

> 응, 기억나.

> 주어를 그렇게 we, you, they로 바꿔 생각하면 의문문에 대한 대답도 찾기 쉬울 거야.

B 다음 의문문에 알맞은 대답을 괄호 안에서 골라 동그라미 하세요.

1 **A:** Are you and David tall?　　　　**B:** Yes, (you / (we)) are.

2 **A:** Are Emily and I tall?　　　　　**B:** Yes, (you / they) are.

3 **A:** Are James and Tom tall?　　　　**B:** Yes, (we / they) are.

4 **A:** Are Tim and his family tall?　　　**B:** Yes, (they / you) are.

5 **A:** Are John and Annie tall?　　　　**B:** Yes, (we / they) are.

6 **A:** Are Tiffany and your sister friends?　**B:** Yes, (you / they) are.

WORDS · diligent 부지런한　　· Canada 캐나다　　· classmate 반 친구　　· busy 바쁜

Grammar Run! ....

A 다음 문장의 괄호 안에서 알맞은 말을 골라 동그라미 하세요.

1 ((Is) / Are) the book interesting?

2 (Is / Are) the lady kind?

3 (Is / Are) their house large?

4 (Is / Are) his dogs cute?

5 (Is / Are) your brother a cook?

6 (Is / Are) Andy and I your friends?

7 (Is / Are) you and Minho brave?

8 (Is / Are) Mr. Brown and Ms. Smith teachers?

> be동사 뒤에 나온 주어가 단수인지 복수인지 먼저 알아봐야겠다.

9 **A:** Is the movie funny?   **B:** Yes, (it / they) is.

10 **A:** Are the boys honest?   **B:** No, (he / they) aren't.

11 **A:** Is the woman busy?   **B:** Yes, (it / she) is.

12 **A:** Are John and I short?   **B:** No, (you / we) aren't.

13 **A:** Are you and Emily cousins?   **B:** Yes, (we / you) are.

14 **A:** Are Chris and his sister at home? **B:** No, (she / they) aren't.

15 **A:** Are Mike and Betty classmates?   **B:** Yes, (they / he) are.

WORDS ·interesting 재미있는   ·large (규모가) 큰   ·brave 용감한   ·funny 우스운, 웃기는   ·honest 정직한

B 다음 의문문에 알맞은 대답을 골라 동그라미 하세요.

1   Is Alice a student?   ❶ Yes, it is.   ❷ Yes, she is.

2   Is this bag new?   ❶ Yes, it is.   ❷ Yes, they are.

3   Are the buildings large?   ❶ Yes, it is.   ❷ Yes, they are.

4   Is your father tall?   ❶ No, they aren't.   ❷ No, he isn't.

5   Are your grandparents nice?   ❶ Yes, they are.   ❷ Yes, she is.

6   Are her dogs white?   ❶ No, they aren't.   ❷ No it isn't.

7   Is that blanket warm?   ❶ Yes, it is.   ❷ Yes, they are.

8   Are Minho and I diligent?   ❶ Yes, we are.   ❷ Yes, you are.

9   Are you and Paul brothers?   ❶ No, you aren't.   ❷ No, we aren't.

10 Are Tom and Jane angry?   ❶ Yes, they are.   ❷ Yes, we are.

11 Are you and Emma friends?   ❶ Yes, you are.   ❷ Yes, we are.

12 Are Fred and Tim happy?   ❶ No, they aren't.   ❷ No, he isn't.

13 Are you and I late?   ❶ No, we aren't.   ❷ No, we are.

14 Are you and Nick in the room? ❶ No, you aren't.   ❷ No, we aren't.

15 Are Ann and Tom 10 years old? ❶ Yes, we are.   ❷ Yes, they are.

WORDS ·grandparents 조부모님   ·blanket 담요   ·warm 따뜻한   ·angry 화난

Grammar Jump!

A 다음 문장의 우리말 뜻을 완성하세요.

1   Is Tom your friend? ➡ 톰은 네 _____친구니_____?

2   Is this pen blue? ➡ 이 펜은 _____?

3   Are the cats cute? ➡ 그 고양이들은 _____?

4   Are the flowers pretty? ➡ 그 꽃들은 _____?

5   Is the man your father? ➡ 그 남자가 네 _____?

6   Are the boys your brothers? ➡ 그 남자아이들은 네 _____?

7   Is the cow his? ➡ 그 소는 _____?

8   Are your parents at home? ➡ 네 부모님은 집에 _____?

9   Are John and I fast? ➡ 존과 나는 _____?

10 Are you and Amy honest? ➡ 너와 에이미는 _____?

11 Are Tom and Jane diligent? ➡ 톰과 제인은 _____?

12 Are Harry and Tommy friends? ➡ 해리와 토미는 _____?

13 Are Jack and Nick tired? ➡ 잭과 닉은 _____?

14 Are you and Peter in the room? ➡ 너와 피터는 방에 _____?

15 Are you and your family happy? ➡ 너와 네 가족은 _____?

WORDS   ·blue 파란, 파란색의   ·pretty 예쁜   ·cow 암소, 젖소   ·tired 피곤한, 지친   ·happy 행복한

정답 및 해설 35~36쪽

B 다음 빈칸에 알맞은 대명사를 써서 대화를 완성하세요.

1   A: Is the coat warm?   B: Yes, _____it_____ is.

2   A: Are the boxes heavy?   B: Yes, _____ are.

3   A: Is that girl brave?   B: Yes, _____ is.

4   A: Is this belt his?   B: No, _____ isn't.

5   A: Are those shoes hers?   B: No, _____ aren't.

6   A: Are those boys your friends?   B: Yes, _____ are.

7   A: Are the cookies mine?   B: Yes, _____ are.

8   A: Is your mother a driver?   B: No, _____ isn't.

9   A: Is this boy your brother?   B: No, _____ isn't.

10 A: Are Tom and I handsome?   B: Yes, _____ are.

11 A: Are Tom and Chris sick?   B: Yes, _____ are.

12 A: Are Emily and I your friends?   B: Yes, _____ are.

13 A: Are you and Mina cousins?   B: No, _____ aren't.

14 A: Are Paul and Amy classmates?   B: No, _____ aren't.

15 A: Are you and your sister students?   B: No, _____ aren't.

WORDS   ·coat 외투, 코트   ·belt 벨트, 허리띠   ·driver 운전자, 기사   ·handsome 잘생긴

Grammar Fly! . . . .

A 다음 문장의 밑줄 친 부분을 바르게 고쳐 빈칸에 쓰세요.

1 <u>Are</u> the girl nice? ➡ _____Is_____

2 <u>Is</u> these boys diligent? ➡ _____

3 <u>Are</u> your horse gentle? ➡ _____

4 <u>Are</u> the movie interesting? ➡ _____

5 <u>Is</u> James and I slow? ➡ _____

6 <u>Is</u> you and your sister thirsty? ➡ _____

7 Is your <u>bicycles</u> new? ➡ _____

8 Are the <u>cookie</u> delicious? ➡ _____

9 Is the <u>kids</u> her child? ➡ _____

10 Are the <u>woman</u> singers? ➡ _____

be동사와 의문문의 주어가 서로 일치하는지 꼼꼼하게 살펴봐.

11 **A:** Are Tom and Nick brothers? **B:** No, <u>we</u> aren't. ➡ _____

12 **A:** Are you and I friends? **B:** No, <u>they</u> aren't. ➡ _____

13 **A:** Are Andy and Danny tall? **B:** No, <u>we</u> aren't. ➡ _____

14 **A:** Are you and Paul busy? **B:** No, <u>they</u> aren't. ➡ _____

15 **A:** Are Tim and Chris teachers? **B:** No, <u>you</u> aren't. ➡ _____

| WORDS | ·nice 좋은, 친절한 | ·gentle 온화한, 순한 | ·slow 느린, 더딘 | ·thirsty 목이 마른 | ·new 새, 새로운 |

B 다음 빈칸에 알맞은 말을 써서 대화를 완성하세요.

1 A: Is this pen yours?   B: Yes, _____ it _____ is _____.

2 A: Is your brother a student?   B: Yes, _____.

3 A: Are your parents in the bedroom?   B: Yes, _____.

4 A: Is the game exciting?   B: No, _____.

5 A: Are your shoes new?   B: No, _____.

6 A: Are the boys your classmates?   B: Yes, _____.

7 A: Are the books boring?   B: No, _____.

8 A: Are the boots hers?   B: No, _____.

9 A: Is Mr. Baker your teacher?   B: Yes, _____.

10 A: Is Ms. Smith his aunt?   B: Yes, _____.

11 A: Are David and I late?   B: Yes, _____.

12 A: Are you and Sue 11 years old?   B: Yes, _____.

13 A: Are Jimmy and Nick fast?   B: No, _____.

14 A: Are Emily and Amy kind?   B: Yes, _____.

15 A: Are you and Chris friends?   B: No, _____.

WORDS   · bedroom 침실   · exciting 신 나는, 흥미진진한   · boring 지루한

REVIEW ⌣ 08

[1-2] 다음 중 <u>잘못된</u> 문장을 고르세요.

1 ❶ Is she a student?

❷ Are you a teacher?

❸ Are it your desk?

❹ Are they your brothers?

2 ❶ Are this notebook yours?

❷ Are John and I diligent?

❸ Are you and your sister students?

❹ Are Tommy and Jimmy classmates?

[3-5] 다음 의문문에 대한 대답으로 알맞은 것을 고르세요.

3 Am I your friend?

❶ Yes, I am.

❷ Yes, you are.

❸ Yes, she is.

❹ Yes, you aren't.

4 Are you a student?

❶ No, you are.

❷ No, they aren't.

❸ No, I am.

❹ No, I'm not.

5 Are you and your family at home?

❶ Yes, you are.

❷ No, you aren't.

❸ Yes, we are.

❹ No, they aren't.

[6-10] 다음 대화의 빈칸에 알맞은 말을 고르세요.

6 A: Is this your school?

B: Yes, _____ is.

❶ she   ❷ he

❸ it   ❹ that

7

A: Are you a police officer?
B: No, _____ not.

❶ you're   ❷ he's
❸ we're   ❹ I'm

8

A: Is that woman your mother?
B: Yes, _____ is.

❶ it   ❷ she
❸ he   ❹ this

9

A: Are _____ soccer players?
B: No, we aren't.

❶ you   ❷ they
❸ these   ❹ those

10

A: Are _____ students?
B: No, they aren't.

❶ Jay and I
❷ you and I
❸ you and Jack
❹ Ann and your sister

[11-12] 다음 괄호 안에서 알맞은 말을 고르세요.

11

A: Are those your books?
B: Yes, (it / they) are.

12

A: Are (Jimin and I / you and Jimin) your classmates?
B: No, you aren't.

[13-15] 다음 문장을 의문문으로 바꿔 쓰세요.

13 This is his umbrella.

➡ _____

14 You and your sister are students.

➡ _____

정답 및 해설 36~37쪽

15 Jennifer and her family are in Canada.

➡ _____

[19-20] 다음 우리말 뜻과 같도록 빈칸에 알맞은 말을 쓰세요.

19 저것은 네 연필이니?

➡ _____ _____ your pencil?

[16-18] 다음 대화의 빈칸에 알맞은 말을 쓰세요.

16 A: Am I her friend?

B: Yes, _____ _____ .

20 이것들은 그의 옷이니?

➡ _____ _____ his clothes?

17 A: Is this your bag?

B: No, _____ _____ .

Check! Check!

맞은 개수	평가
18~20개	😄 참 잘했어요.
15~17개	🙂 잘했어요.
9~14개	😐 노력해 봐요.
0~8개	😞 다음에 잘할 거예요.

18 A: Are these their cows?

B: Yes, _____ _____ .

● 다음 만화를 보면서 Unit 08의 내용을 정리해 봐요.

1 주어가 인칭대명사일 때 be동사의 의문문과 대답

의문문	긍정의 대답	부정의 대답
Am I ~? 내가 ~하니?	Yes, **you** are.	No, **you** aren't.
Are **we** ~? 우리가 ~하니?	Yes, **you** are. Yes, **we** are.	No, **you** aren't. No, **we** aren't.
Are **you** ~? 너는 ~하니?	Yes, **I** am.	No, **I**'m not.
Are **you** ~? 너희는 ~하니?	Yes, **we** are.	No, **we** aren't.

2 주어가 지시대명사일 때 be동사의 의문문과 대답

의문문	긍정의 대답	부정의 대답
Is **this[that]** ~? 이것[저것]이 ~하니?	Yes, **it** is.	No, **it** isn't.
Are **these[those]** ~? 이것들[저것들]이 ~하니?	Yes, **they** are.	No, **they** aren't.

3 주어가 명사일 때 be동사의 의문문과 대답

의문문	긍정의 대답	부정의 대답
Is + 단수명사 ~?	Yes, **he[she/it]** is.	No, **he[she/it]** isn't.
Are + 복수명사 ~?	Yes, **they** are.	No, **they** aren't.
Are + ··· **and I** ~?	Yes, **you** are.	No, **you** aren't.
Are + **you and** ··· ~?	Yes, **we** are.	No, **we** aren't.
Are + ··· **and** ··· ~?	Yes, **they** are.	No, **they** aren't.

MEMO

MEMO

MEMO

Grammar, ZAP!

VOCABULARY

단어장

CHUNJAE EDUCATION, INC.

기본 1

Grammar, ZAP!

VOCABULARY
단어장

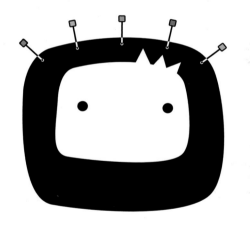

QR 찍고 **단어+문장 듣기**

CHUNJAE EDUCATION, INC.

기본 **1**

Aha!

"단어장 활용 방법"

각 Unit은 학습 내용과 관련된 핵심 단어들을 확인해 보는 것으로 시작합니다.
우리말 뜻을 보며 정확하게 이해하면서 외워 봐요.
이때 영어 단어는 개별적으로 외우지 말고 문장과 함께 외우도록 합니다.
퀴즈를 풀며 잘 모르는 단어는 다시 한 번 확인해 보는 것도 잊지 마세요!

Grammar, ZAP!

VOCABULARY
단어장

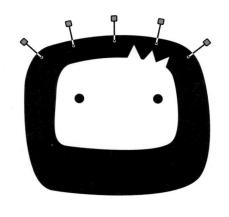

기본 1

01	**student** 형 학생	She is a student. 그녀는 학생이다.
02	**tall** 형 키가 큰	He is tall. 그는 키가 크다.
03	**good** 형 착한	What a good girl! 정말 착한 여자아이구나!
04	**cute** 형 귀여운	She is so cute! 그녀는 매우 귀엽구나!
05	**where** 부 어디에	Where is the girl? 그 여자아이는 어디에 있니?
06	**read** 동 읽다	I read a book. 나는 책을 읽는다.
07	**big** 형 큰	What a big boy! 정말 큰 남자아이구나!
08	**be from** ~ 출신이다, ~에서 오다	He is from Canada. 그는 캐나다에서 왔다.
09	**have** 동 가지다, 있다	We have a dog. 우리는 개 한 마리를 가지고 있다.
10	**live in** ~에 살다	They live in London. 그들은 런던에 산다.
11	**soccer** 형 축구	They play soccer after school. 그들은 방과 후에 축구를 한다.
12	**speak** 동 말하다	I speak English. 나는 영어를 말한다.
13	**homework** 형 숙제	We do the homework. 우리는 숙제를 한다.
14	**like** 동 좋아하다	I like dogs. 나는 개를 좋아한다.
15	**kind** 형 친절한	You are kind. 너는 친절하다.

01	**swim** 통 수영하다, 헤엄치다	She can swim. 그녀는 수영을 할 수 있다.
02	**handsome** 형 잘생긴	He is a handsome boy. 그는 잘생긴 남자아이다.
03	**fast** 부 빨리	You run fast. 너는 빨리 달린다.
04	**pretty** 형 예쁜	You are pretty. 너는 예쁘다.
05	**small** 형 작은	The dog is small. 그 개는 작다.
06	**people** 형 사람들	Dogs like people. 개는 사람을 좋아한다.
07	**fruit** 명 과일	My mother likes fruit. 우리 어머니는 과일을 좋아하신다.
08	**rose** 명 장미	Roses are flowers. 장미는 꽃이다.
09	**elementary school** 초등학교	I go to Nara Elementary School. 나는 나라 초등학교에 다닌다.
10	**smart** 형 똑똑한	You are smart. 너는 똑똑하다.
11	**short** 형 짧은, 키가 작은	She is short. 그녀는 키가 작다.
12	**learn** 통 배우다	We learn English. 우리는 영어를 배운다.
13	**call** 통 부르다	They call him Jojo. 그들은 그를 조조라고 부른다.
14	**math** 명 수학	We learn math. 우리는 수학을 배운다.
15	**know** 통 알다	They know him. 그들은 그를 안다.

💫 다음 영어에 알맞은 우리말 뜻을 빈칸에 쓰세요.

01   student   _____

02   tall   _____

03   good   _____

04   cute   _____

05   where   _____

06   read   _____

07   big   _____

08   be from   _____

09   have   _____

10   live in   _____

11   soccer   _____

12   speak   _____

13   homework   _____

14   like   _____

15   kind   _____

₩ 다음 우리말 뜻에 맞는 알맞은 영어를 빈칸에 쓰세요.

01 수영하다 _____

02 잘생긴 _____

03 빨리 _____

04 예쁜 _____

05 작은 _____

06 사람들 _____

07 과일 _____

08 장미 _____

09 초등학교 _____

10 똑똑한 _____

11 짧은, 키가 작은 _____

12 배우다 _____

13 부르다 _____

14 수학 _____

15 알다 _____

01	**computer** 몡 컴퓨터	I have a computer. 나는 컴퓨터를 한 대 가지고 있다.	
02	**horse** 몡 말	We have one horse. 우리는 말 한 마리 가지고 있다.	
03	**want** 통 원하다, 바라다	We want a box. 우리는 상자 한 개를 원한다.	
04	**need** 통 필요로 하다	They need one potato. 그들은 감자 한 개가 필요하다.	
05	**bear** 몡 곰	They have two bears. 그들은 곰 두 마리를 가지고 있다.	
06	**dish** 몡 접시	We have five dishes. 우리는 접시 다섯 개를 가지고 있다.	
07	**bench** 몡 벤치	They need two benches. 그들은 벤치 두 개가 필요하다.	
08	**tomato** 몡 토마토	I have five tomatoes. 나는 토마토 다섯 개를 가지고 있다.	
09	**photo** 몡 사진	We need two photos. 우리는 사진 두 장이 필요하다.	
10	**glass** 몡 유리잔	They need ten glasses. 그들은 유리잔 열 개가 필요하다.	
11	**hero** 몡 영웅	They know three heroes. 그들은 영웅 세 명을 알고 있다.	
12	**ax** 몡 도끼	I need an ax. 나는 도끼 하나가 필요하다.	
13	**son** 몡 아들	They have one son. 그들은 아들이 한 명 있다.	
14	**give** 통 주다	Give me one pencil. 나에게 연필 한 자루를 줘.	
15	**notebook** 몡 공책	I have two notebooks. 나는 공책 두 권을 가지고 있다.	

01	**baby** 몡 아기	They have a baby. 그들은 아기가 한 명 있다.
02	**knife** 몡 칼	They have a knife. 그들은 칼을 한 자루 가지고 있다.
03	**puppy** 몡 강아지	They have two puppies. 그들은 강아지 두 마리를 가지고 있다.
04	**city** 몡 도시	I know four cities. 나는 도시 네 곳을 알고 있다.
05	**leaf** 몡 나뭇잎	I have many leaves. 나는 나뭇잎을 많이 가지고 있다.
06	**wife** 몡 아내	They are good wives. 그들은 좋은 아내이다.
07	**deer** 몡 사슴	They have ten deer. 그들은 사슴 열 마리를 가지고 있다.
08	**foot** 몡 발(복수형: feet)	I have two feet. 나는 발이 두 개 있다.
09	**child** 몡 어린이, 아이	They have a child. 그들은 아이가 한 명이다.
10	**ox** 몡 황소(복수형: oxen)	We have six oxen. 우리는 황소 여섯 마리를 가지고 있다.
11	**pants** 몡 바지	I need new pants. 나는 새 바지가 필요하다.
12	**scissors** 몡 가위	I need scissors. 나는 가위가 필요하다.
13	**toy** 몡 장난감	I have seven toys. 나는 장난감 일곱 개를 가지고 있다.
14	**wear** 통 입고[쓰고/신고] 있다	I wear glasses. 나는 안경을 쓴다.
15	**see** 통 보다	I see two wolves. 나는 늑대 두 마리를 본다.

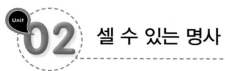

셀 수 있는 명사

다음 영어에 알맞은 우리말 뜻을 빈칸에 쓰세요.

01 computer _____

02 horse _____

03 want _____

04 need _____

05 bear _____

06 dish _____

07 bench _____

08 tomato _____

09 photo _____

10 glass _____

11 hero _____

12 ax _____

13 son _____

14 give _____

15 notebook _____

🐚 다음 우리말 뜻에 알맞은 영어를 빈칸에 쓰세요.

01 아기 _____

02 칼 _____

03 강아지 _____

04 도시 _____

05 나뭇잎 _____

06 아내 _____

07 사슴 _____

08 발 _____

09 어린이, 아이 _____

10 황소 _____

11 바지 _____

12 가위 _____

13 장난감 _____

14 입고[쓰고/신고] 있다 _____

15 보다 _____

01	**bread** 명 빵	We eat bread and milk. 우리는 빵과 우유를 먹는다.
02	**sunshine** 명 햇빛	Trees need sunshine. 나무는 햇빛이 필요하다.
03	**time** 명 시간	I need time. 나는 시간이 필요하다.
04	**butter** 명 버터	You like butter. 너는 버터를 좋아한다.
05	**rain** 명 비	They like rain. 그들은 비를 좋아한다.
06	**snow** 명 눈	I like snow. 나는 눈을 좋아한다.
07	**hope** 명 희망	We have hope. 우리는 희망이 있다.
08	**skater** 명 스케이트 선수	Yuna is a skater. 유나는 스케이트 선수이다.
09	**Saturday** 명 토요일	They play soccer on Saturday. 그들은 토요일에 축구를 한다.
10	**drink** 동 마시다	I drink juice every day. 나는 매일 주스를 마신다.
11	**money** 명 돈	I need money. 나는 돈이 필요하다.
12	**today** 명 오늘	Today is Saturday. 오늘은 토요일이다.
13	**visit** 동 방문하다, 찾아가다	I visit Mr. Park. 나는 박 선생님을 찾아간다.
14	**Sunday** 명 일요일	We go to church on Sunday. 우리는 일요일에 교회에 간다.
15	**important** 형 중요한	Hope is very important. 희망은 매우 중요하다.

01	**every day** 매일	I eat a bowl of soup every day. 나는 매일 수프 한 그릇을 먹는다.
02	**paper** 명 종이	Give me a sheet of paper. 내게 종이 한 장을 줘.
03	**buy** 통 사다	We buy a loaf of cheese every day. 우리는 매일 치즈 한 덩어리를 산다.
04	**tea** 명 차	You drink a cup of tea. 너는 차 한 잔을 마신다.
05	**bottle** 명 병	We have two bottles of juice. 우리는 주스 두 병을 가지고 있다.
06	**rice** 명 밥	I eat a bowl of rice. 나는 밥 한 그릇을 먹는다.
07	**salt** 명 소금	We need a spoonful of salt. 우리는 소금 한 숟가락이 필요하다.
08	**sugar** 명 설탕	I need a spoonful of sugar. 나는 설탕 한 숟가락이 필요하다.
09	**meat** 명 고기	We buy a loaf of meat. 우리는 고기 한 덩어리를 산다.
10	**kilo** 명 킬로	I need two kilos of rice. 나는 쌀 2킬로가 필요하다.
11	**liter** 명 리터	We need a liter of water. 우리는 물 1리터가 필요하다.
12	**pizza** 명 피자	They eat four pieces of pizza. 그들은 피자 네 조각을 먹는다.
13	**salad** 명 샐러드	I eat two bowls of salad. 나는 샐러드를 두 그릇 먹는다.
14	**flour** 명 밀가루	They buy two kilos of flour. 그들은 밀가루 2킬로를 산다.
15	**oil** 명 기름	I need two spoonfuls of oil. 나는 기름 두 숟가락이 필요하다.

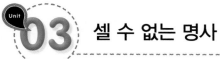

🔊 다음 영어에 알맞은 우리말 뜻을 빈칸에 쓰세요.

01   bread   _____

02   sunshine   _____

03   time   _____

04   butter   _____

05   rain   _____

06   snow   _____

07   hope   _____

08   skater   _____

09   Saturday   _____

10   drink   _____

11   money   _____

12   today   _____

13   visit   _____

14   Sunday   _____

15   important   _____

🐾 다음 우리말 뜻에 알맞은 영어를 빈칸에 쓰세요.

01	매일	_____
02	종이	_____
03	사다	_____
04	차	_____
05	병	_____
06	밥	_____
07	소금	_____
08	설탕	_____
09	고기	_____
10	킬로	_____
11	리터	_____
12	피자	_____
13	샐러드	_____
14	밀가루	_____
15	기름	_____

01	**umbrella** 몡 우산	I have an umbrella. 나는 우산 하나를 가지고 있다.
02	**hour** 몡 (한) 시간	We play soccer for an hour. 우리는 한 시간 동안 축구를 한다.
03	**uniform** 몡 제복, 교복, 유니폼	I wear a uniform. 나는 유니폼을 입는다.
04	**daughter** 몡 딸	They have a daughter. 그들은 딸이 한 명 있다.
05	**once** 몜 한 번	I play soccer once a week. 나는 일주일에 한 번 축구를 한다.
06	**meal** 몡 식사	I eat three meals a day. 나는 하루에 세 끼를 먹는다.
07	**there** 몜 거기에	We go there once a week. 우리는 일주일에 한 번 거기에 간다.
08	**mobile phone** 휴대 전화	It is a mobile phone. 그것은 휴대 전화이다.
09	**library** 몡 도서관	I go to the library once a week. 나는 일주일에 한 번 도서관에 간다.
10	**in town** 시내에	A park is in town. 공원은 시내에 있다.
11	**scientist** 몡 과학자	My father is a scientist. 우리 아버지는 과학자이시다.
12	**ruler** 몡 자	I need a ruler. 나는 자가 필요하다.
13	**walk** 통 걷다	We walk four kilometers a day. 우리는 하루에 4킬로미터를 걷는다.
14	**giraffe** 몡 기린	A giraffe is tall. 기린은 키가 크다.
15	**toothbrush** 몡 칫솔	I need a toothbrush. 나는 칫솔 한 개가 필요하다.

01	**breakfast** 명 아침 식사	I have breakfast. 나는 아침 식사를 한다.
02	**fly** 동 날다	Birds fly in the sky. 새는 하늘을 난다.
03	**watch** 동 보다, 지켜보다	We watch television. 우리는 텔레비전을 본다.
04	**at home** 집에서	They have dinner at home. 그들은 집에서 저녁을 먹는다.
05	**bright** 형 밝은	The moon is bright. 달이 밝다.
06	**basketball** 명 농구	We play basketball. 우리는 농구를 한다.
07	**weekend** 명 주말	The men play soccer on the weekend. 그 남자들은 주말에 축구를 한다.
08	**airplane** 명 비행기	An airplane is in the sky. 비행기 한 대가 하늘에 있다.
09	**dragonfly** 명 잠자리	Dragonflies are in the sky. 잠자리들이 하늘에 있다.
10	**yellow** 형 노란, 노란색의	The sun is yellow. 태양이 노랗다.
11	**noon** 명 정오, 낮 12시	I have lunch at noon. 나는 정오에 점심 식사를 한다.
12	**round** 형 둥근	The Earth is round. 지구는 둥글다.
13	**night** 명 밤	I watch TV every night. 나는 매일 밤 TV를 본다.
14	**flute** 명 플루트	I play the flute on the weekend. 나는 주말에 플루트를 분다.
15	**here** 부 여기에, 여기에서	They play badminton here. 그들은 여기에서 배드민턴을 친다.

다음 영어에 알맞은 우리말 뜻을 빈칸에 쓰세요.

01	umbrella	
02	hour	
03	uniform	
04	daughter	
05	once	
06	meal	
07	there	
08	mobile phone	
09	library	
10	in town	
11	scientist	
12	ruler	
13	walk	
14	giraffe	
15	toothbrush	

다음 우리말 뜻에 알맞은 영어를 빈칸에 쓰세요.

01   아침 식사   _____

02   날다   _____

03   보다, 지켜보다   _____

04   집에서   _____

05   밝은   _____

06   농구   _____

07   주말   _____

08   비행기   _____

09   잠자리   _____

10   노란, 노란색의   _____

11   정오, 낮 12시   _____

12   둥근   _____

13   밤   _____

14   플루트   _____

15   여기에, 여기에서   _____

01	**busy** 형 바쁜	She is busy. 그녀는 바쁘다.
02	**firefighter** 명 소방관	They are firefighters. 그들은 소방관이다.
03	**dirty** 형 더러운	It is dirty. 그것은 더럽다.
04	**hungry** 형 배고픈	We are hungry. 우리는 배고프다.
05	**clean** 형 깨끗한	They are clean. 그것들은 깨끗하다.
06	**classmate** 명 반 친구	The classmates need them. 그 반 친구들은 그것들을 필요로 한다.
07	**help** 동 돕다	Firefighters help us. 소방관들은 우리를 도와준다.
08	**donkey** 명 당나귀	It is a donkey. 그것은 당나귀이다.
09	**hairdresser** 명 미용사	She is a hairdresser. 그녀는 미용사이다.
10	**teach** 동 가르치다	They teach us. 그들이 우리를 가르친다.
11	**cheetah** 명 치타	They are cheetahs. 그것들은 치타이다.
12	**sad** 형 슬픈	I am sad. 나는 슬프다.
13	**cool** 형 멋진	You are cool. 너[너희]는 멋지다.
14	**slow** 형 느린	She is slow. 그녀는 느리다.
15	**angry** 형 화난, 성난	They are angry. 그들은 화가 나 있다.

01	**delicious** 형 맛있는	They are delicious. 그것들은 맛있다.
02	**name** 명 이름	My brother's name is Minho. 내 남동생의 이름은 민호이다.
03	**uncle** 명 삼촌, 외삼촌, 아저씨	It is my uncle's chair. 그것은 우리 삼촌의 의자이다.
04	**aunt** 명 고모, 이모, 아주머니	The car is my aunt's. 그 차는 우리 이모의 것이다.
05	**black** 형 검은, 검은색의	Its eyes are black. 그것의 눈은 검다.
06	**watch** 명 손목시계	The watch is his. 그 손목시계는 그의 것이다.
07	**sandwich** 명 샌드위치	The sandwiches are ours. 그 샌드위치들은 우리들의 것이다.
08	**red** 형 빨간, 빨간색의	The teacher's car is red. 그 선생님의 자동차는 빨간색이다.
09	**hair** 명 머리카락, 털	Its hair is brown. 그것의 털은 갈색이다.
10	**doll** 명 인형	The doll is hers. 그 인형은 그녀의 것이다.
11	**balloon** 명 풍선	The balloon is his. 그 풍선은 그의 것이다.
12	**card** 명 카드	The card is yours. 그 카드는 네 것이다.
13	**nose** 명 코	An elephant's nose is long. 코끼리의 코는 길다.
14	**blue** 형 파란, 파란색의	Jane's eyes are blue. 제인의 눈은 파란색이다.
15	**ribbon** 명 리본	The ribbons are my sisters'. 그 리본들은 내 여동생들의 것이다.

🎵 다음 영어에 알맞은 우리말 뜻을 빈칸에 쓰세요.

01	busy	
02	firefighter	
03	dirty	
04	hungry	
05	clean	
06	classmate	
07	help	
08	donkey	
09	hairdresser	
10	teach	
11	cheetah	
12	sad	
13	cool	
14	slow	
15	angry	

〰️ 다음 우리말 뜻에 알맞은 영어를 빈칸에 쓰세요.

01   맛있는   _____

02   이름   _____

03   삼촌, 외삼촌, 아저씨   _____

04   고모, 이모, 아주머니   _____

05   검은, 검은색의   _____

06   손목시계   _____

07   샌드위치   _____

08   빨간, 빨간색의   _____

09   머리카락, 털   _____

10   인형   _____

11   풍선   _____

12   카드   _____

13   코   _____

14   파란, 파란색의   _____

15   리본   _____

01 **look**
통 보다

Look at the girl.
그 여자아이를 봐.

02 **nice**
형 좋은[친절한/다정한]

They are nice.
그들은 착하다.

03 **neighbor**
형 이웃 (사람)

I help my neighbors.
나는 내 이웃들을 도와준다.

04 **~ year(s) old**
(나이가) ~ 살

She is eight years old.
그녀는 여덟 살이다.

05 **title**
형 제목

Its title is *The Kids*.
그것의 제목은 〈*The Kids*〉이다.

06 **cousin**
형 사촌

Tom and I are cousins.
톰과 나는 사촌이다.

07 **hamburger**
명 햄버거

I like hamburgers.
나는 햄버거를 좋아한다.

08 **use**
통 사용하다, 이용하다

We use it every day.
우리는 매일 그것을 사용한다.

09 **comic book**
만화책

I read comic books.
나는 만화책을 읽는다.

10 **tail**
명 꼬리

Its tail is short.
그것의 꼬리는 짧다.

11 **husband**
명 남편

She and her husband like cats.
그녀와 그녀의 남편은 고양이를 좋아한다.

12 **funny**
형 우스운, 웃기는

The book is funny.
그 책은 재미있다.

13 **niece**
명 조카딸

They have a niece.
그들은 조카딸이 한 명 있다.

14 **nephew**
명 조카 (아들)

Mr. Draft's nephew is two years old.
드래프트 씨의 조카는 두 살이다.

15 **study**
통 공부하다

They study together.
그들은 함께 공부한다.

01	**quiet** 혱 조용한	This cat is quiet. 그 고양이는 조용하다.
02	**gentle** 혱 온화한, 순한	That man is gentle. 저 남자는 온화하다.
03	**lazy** 혱 게으른	Those boys are lazy. 저 남자아이들은 게으르다.
04	**picture** 몡 그림	These are his pictures. 이것들은 그의 그림이다.
05	**song** 몡 노래	I like that song. 나는 저 노래를 좋아한다.
06	**rabbit** 몡 토끼	That is a rabbit. 저것은 토끼이다.
07	**movie** 몡 영화	This movie is funny. 이 영화는 재미있다.
08	**animal** 몡 동물	This is an animal. 이것은 동물이다.
09	**listen to** 귀를 기울이다	Listen to this song. 이 노래를 들어봐.
10	**bridge** 몡 다리	This is a bridge. 이것은 다리이다.
11	**mountain** 몡 산	Look at that mountain. 저 산을 봐.
12	**cookie** 몡 쿠키	These cookies are yummy. 이 쿠키들은 맛있다.
13	**food** 몡 음식	We like this food. 우리는 이 음식을 좋아한다.
14	**carrot** 몡 당근	That is a carrot. 저것은 당근이다.
15	**great** 혱 정말 좋은	Those houses are great. 저 집들은 정말 좋다.

〰️ 다음 영어에 알맞은 우리말 뜻을 빈칸에 쓰세요.

01 look _____

02 nice _____

03 neighbor _____

04 ~ year(s) old _____

05 title _____

06 cousin _____

07 hamburger _____

08 use _____

09 comic book _____

10 tail _____

11 husband _____

12 funny _____

13 niece _____

14 nephew _____

15 study _____

다음 우리말 뜻에 알맞은 영어를 빈칸에 쓰세요.

01   조용한

02   온화한, 순한

03   게으른

04   그림

05   노래

06   토끼

07   영화

08   동물

09   귀를 기울이다

10   다리

11   산

12   쿠키

13   음식

14   당근

15   정말 좋은

01	**Asia** 몡 아시아	Korea is in Asia. 한국은 아시아에 있다.
02	**summer** 몡 여름	Summer is hot. 여름은 덥다.
03	**playground** 몡 운동장, 놀이터	He is on the playground. 그는 운동장에 있다.
04	**classroom** 몡 교실	They're in the classroom. 그들은 교실에 있다.
05	**room** 몡 방	She is in the room. 그녀는 방에 있다.
06	**pine tree** 소나무	This is a pine tree. 이것은 소나무이다.
07	**pianist** 몡 피아니스트	He is a pianist. 그는 피아니스트이다.
08	**sofa** 몡 소파	That is a sofa. 저것은 소파이다.
09	**restaurant** 몡 식당	We are in the restaurant. 우리는 식당에 있다.
10	**science** 몡 과학	He's a science teacher. 그는 과학 선생님이다.
11	**kitchen** 몡 부엌	They are in the kitchen. 그들은 부엌에 있다.
12	**player** 몡 선수	We are soccer players. 우리는 축구 선수이다.
13	**the U.S.** 미국	I'm from the U.S. 나는 미국 출신이다.
14	**police officer** 몡 경찰관	You're a police officer. 당신은 경찰관이다.
15	**magazine** 몡 잡지	This is a magazine. 이것은 잡지이다.

01	**fat** 혱 뚱뚱한, 살찐	The cats are not fat. 그 고양이들은 뚱뚱하지 않다.
02	**American** 혱 미국의, 미국인의	Mr. Brown is American. 브라운 씨는 미국 사람이다.
03	**butterfly** 혱 나비	This is a butterfly. 이것은 나비이다.
04	**purse** 혱 지갑	This isn't a purse. 이것은 지갑이 아니다.
05	**relative** 혱 친척	They are not my relatives. 그들은 우리 친척들이 아니다.
06	**actor** 혱 배우	He is not an actor. 그는 배우가 아니다.
07	**glove** 혱 장갑 (한 짝)	Those are not your gloves. 저것들은 네 장갑이 아니다.
08	**answer** 혱 대답, 답	This isn't an answer. 이것은 정답이 아니다.
09	**Chinese** 혱 중국의, 중국인의	She isn't Chinese. 그녀는 중국 사람이 아니다.
10	**park** 혱 공원	They aren't in the park. 그들은 공원에 있지 않다.
11	**bed** 혱 침대	That is not a bed. 저것은 침대가 아니다.
12	**kangaroo** 혱 캥거루	Those aren't kangaroos. 저것들은 캥거루가 아니다.
13	**pilot** 혱 조종사, 비행사	He isn't a pilot. 그는 비행기 조종사가 아니다.
14	**ugly** 혱 못생긴	You aren't ugly. 너는 못생기지 않았다.
15	**parents** 혱 부모	They are my parents. 그들은 우리 부모님이시다.

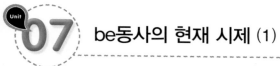

〰 다음 영어에 알맞은 우리말 뜻을 빈칸에 쓰세요.

01   Asia _____

02   summer _____

03   playground _____

04   classroom _____

05   room _____

06   pine tree _____

07   pianist _____

08   sofa _____

09   restaurant _____

10   science _____

11   kitchen _____

12   player _____

13   the U.S. _____

14   police officer _____

15   magazine _____

🐾 다음 우리말 뜻에 알맞은 영어를 빈칸에 쓰세요.

01 뚱뚱한, 살찐　　　　　_____

02 미국의, 미국인의　　　_____

03 나비　　　　　　　　　_____

04 지갑　　　　　　　　　_____

05 친척　　　　　　　　　_____

06 배우　　　　　　　　　_____

07 장갑 (한 짝)　　　　　 _____

08 대답, 답　　　　　　　_____

09 중국의, 중국인의　　　_____

10 공원　　　　　　　　　_____

11 침대　　　　　　　　　_____

12 캥거루　　　　　　　　_____

13 조종사, 비행사　　　　_____

14 못생긴　　　　　　　　_____

15 부모　　　　　　　　　_____

01	**guest** 명 손님	Are we her guests? 우리는 그녀의 손님이니?
02	**diary** 명 일기, 일기장	Is it your diary? 그것은 네 일기장이니?
03	**plant** 명 식물	Is that a plant? 저것은 식물이니?
04	**backpack** 명 배낭	Are those their backpacks? 저것들은 그들의 배낭이니?
05	**dress** 명 드레스, 원피스	Is this my dress? 이것이 내 드레스니?
06	**late** 형 늦은	Are we late? 우리가 늦었니?
07	**tired** 형 피곤한, 지친	Are you tired? 너는 피곤하니?
08	**shy** 형 수줍어하는	Is she shy? 그녀는 수줍어하니?
09	**sock** 명 양말 (한 짝)	Are these your socks? 이것들이 네 양말이니?
10	**sick** 형 아픈	Are you sick? 너는 아프니?
11	**grandmother** 명 할머니	Is she his grandmother? 그녀는 그의 할머니시니?
12	**address** 명 주소	Is this your address? 이것이 네 주소니?
13	**ready** 형 준비가 (다) 된	Are they ready? 그들은 다 준비됐니?
14	**wallet** 명 지갑	Is this your wallet? 이것이 네 지갑이니?
15	**heavy** 형 무거운	Are those heavy? 저것들은 무겁니?

01	**colorful** 형 색채가 풍부한, 화려한	Are those balloons colorful? 저 풍선들은 화려하니?
02	**diligent** 형 부지런한, 성실한	Are Tom and I diligent? 톰과 나는 부지런하니?
03	**large** 형 (규모가) 큰	Is their house large? 그들의 집은 크니?
04	**brave** 형 용감한	Are you and Minho brave? 너와 민호는 용감하니?
05	**honest** 형 정직한	Are the boys honest? 그 남자아이들은 정직하니?
06	**grandparents** 명 조부모	Are your grandparents nice? 네 조부모님은 다정하시니?
07	**blanket** 명 담요	Is that blanket warm? 저 담요는 따뜻하니?
08	**warm** 형 따뜻한, 따스한	Is the coat warm? 그 외투는 따뜻하니?
09	**cow** 명 암소, 젖소	Is the cow his? 그 암소는 그의 것이니?
10	**belt** 명 벨트, 허리띠	Is this belt his? 이 벨트가 그의 것이니?
11	**driver** 명 운전자, 기사	Is your mother a driver? 네 어머니는 운전자이시니?
12	**thirsty** 형 목이 마른	Are you and your sister thirsty? 너와 네 언니는 목이 마르니?
13	**bedroom** 명 침실	Are your parents in the bedroom? 너희 부모님은 침실에 계시니?
14	**exciting** 형 신 나는, 흥미진진한	Is the game exciting? 그 게임은 신 나니?
15	**boring** 형 재미없는, 지루한	Are the books boring? 그 책들은 지루하니?

다음 영어에 알맞은 우리말 뜻을 빈칸에 쓰세요.

01 guest _____

02 diary _____

03 plant _____

04 backpack _____

05 dress _____

06 late _____

07 tired _____

08 shy _____

09 sock _____

10 sick _____

11 grandmother _____

12 address _____

13 ready _____

14 wallet _____

15 heavy _____

다음 우리말 뜻에 알맞은 영어를 빈칸에 쓰세요.

01   색채가 풍부한, 화려한   _____

02   부지런한, 성실한   _____

03   (규모가) 큰   _____

04   용감한   _____

05   정직한   _____

06   조부모   _____

07   담요   _____

08   따뜻한, 따스한   _____

09   암소, 젖소   _____

10   벨트, 허리띠   _____

11   운전자, 기사   _____

12   목이 마른   _____

13   침실   _____

14   신 나는, 흥미진진한   _____

15   재미없는, 지루한   _____

Answers

01 문장의 구성

Quiz 01
1 학생
2 키가 큰
3 착한
4 귀여운
5 어디에
6 읽다
7 큰
8 ～ 출신이다, ～에서 오다
9 가지다, 있다
10 ～에 살다
11 축구
12 말하다
13 숙제
14 좋아하다
15 친절한

Quiz 02
1 swim
2 handsome
3 fast
4 pretty
5 small
6 people
7 fruit
8 rose
9 elementary school
10 smart
11 short
12 learn
13 call
14 math
15 know

02 셀 수 있는 명사

Quiz 01
1 컴퓨터
2 말
3 원하다, 바라다
4 필요로 하다
5 곰
6 접시
7 벤치
8 토마토
9 사진
10 유리잔
11 영웅
12 도끼
13 아들
14 주다
15 공책

Quiz 02
1 baby
2 knife
3 puppy
4 city
5 leaf
6 wife
7 deer
8 foot
9 child
10 ox
11 pants
12 scissors
13 toy
14 wear
15 see

03 셀 수 없는 명사

Quiz 01
1 빵
2 햇빛
3 시간
4 버터
5 비
6 눈
7 희망
8 스케이트 선수
9 토요일
10 마시다
11 돈
12 오늘
13 방문하다, 찾아가다
14 일요일
15 중요한

Quiz 02
1 every day
2 paper
3 buy
4 tea
5 bottle
6 rice
7 salt
8 sugar
9 meat
10 kilo
11 liter
12 pizza
13 salad
14 flour
15 oil

04 관사

Quiz 01
1 우산
2 (한) 시간
3 제복, 교복, 유니폼
4 딸
5 한 번
6 식사
7 거기에
8 휴대 전화
9 도서관
10 시내에
11 과학자
12 자
13 걷다
14 기린
15 칫솔

Quiz 02
1 breakfast
2 fly
3 watch
4 at home
5 bright
6 basketball
7 weekend
8 airplane
9 dragonfly
10 yellow
11 noon
12 round
13 night
14 flute
15 here

Unit 05 대명사 (1)

Quiz 01

1 바쁜
2 소방관
3 더러운
4 배고픈
5 깨끗한
6 반 친구
7 돕다
8 당나귀
9 미용사
10 가르치다
11 치타
12 슬픈
13 멋진
14 느린
15 화난, 성난

Quiz 02

1 delicious
2 name
3 uncle
4 aunt
5 black
6 watch
7 sandwich
8 red
9 hair
10 doll
11 balloon
12 card
13 nose
14 blue
15 ribbon

Unit 06 대명사 (2)

Quiz 01

1 보다
2 좋은[친절한/다정한]
3 이웃 (사람)
4 (나이가) ~ 살
5 제목
6 사촌
7 햄버거
8 사용하다, 이용하다
9 만화책
10 꼬리
11 남편
12 우스운, 웃기는
13 조카딸
14 조카 아들
15 공부하다

Quiz 02

1 quiet
2 gentle
3 lazy
4 picture
5 song
6 rabbit
7 movie
8 animal
9 listen to
10 bridge
11 mountain
12 cookie
13 food
14 carrot
15 great

Unit 07 be동사의 현재 시제 (1)

Quiz 01

1 아시아
2 여름
3 운동장, 놀이터
4 교실
5 방
6 소나무
7 피아니스트
8 소파
9 식당
10 과학
11 부엌
12 선수
13 미국
14 경찰관
15 잡지

Quiz 02

1 fat
2 American
3 butterfly
4 purse
5 relative
6 actor
7 glove
8 answer
9 Chinese
10 park
11 bed
12 kangaroo
13 pilot
14 ugly
15 parents

Unit 08 be동사의 현재 시제 (2)

Quiz 01

1 손님
2 일기
3 식물
4 배낭
5 드레스, 원피스
6 늦은
7 피곤한, 지친
8 수줍어하는
9 양말 (한 짝)
10 아픈
11 할머니
12 주소
13 준비가 (다) 된
14 지갑
15 무거운

Quiz 02

1 colorful
2 diligent
3 large
4 brave
5 honest
6 grandparents
7 blanket
8 warm
9 cow
10 belt
11 driver
12 thirsty
13 bedroom
14 exciting
15 boring